Lições de Direito das Sucessões

2019 · 2ª Edição

Diogo Leite de Campos
Professor Catedrático (Jubilado) da Faculdade de Direito de Coimbra
Professor Catedrático da Universidade Autónoma de Lisboa

Mónica Martinez de Campos
Professora Associada da Universidade Portucalense Infante D. Henrique

ALMEDINA

LIÇÕES DE DIREITO DAS SUCESSÕES

AUTORES
Diogo Leite de Campos, Mónica Martinez de Campos

EDITOR
EDIÇÕES ALMEDINA, S.A.
Rua Fernandes Tomás, nºs 76, 78 e 80
3000-167 Coimbra
Tel.: 239 851 904 · Fax: 239 851 901
www.almedina.net · editora@almedina.net

DESIGN DE CAPA
FBA.

CAPA: EDIÇÕES ALMEDINA

PRÉ-IMPRESSÃO
EDIÇÕES ALMEDINA, S.A.

IMPRESSÃO E ACABAMENTO
PENTAEDRO, LDA.

Agosto, 2019

DEPÓSITO LEGAL
459274/19

ALMEDINA | GRUPOALMEDINA

BIBLIOTECA NACIONAL DE PORTUGAL – CATALOGAÇÃO NA PUBLICAÇÃO
CAMPOS, Diogo Leite de, 1944-
Lições de direito das sucessões / Diogo Leite de Campos,
Mónica Martinez de Campos. – 2ª ed. - (Manuais universitários)
ISBN 978-972-40-8013-0
I – CAMPOS, Mónica Martinez de
CDU 347

Lições de Direito das Sucessões

PREFÁCIO

Umas lições dirigidas aos estudantes, e ao público em geral, é um trabalho que se vai prosseguindo visando um correto conteúdo, de acordo com a evolução do direito, e visando uma dimensão pedagogicamente adequada.

Trata-se de mais um passo nesse sentido, que será prosseguido em futuras edições que venham a ter lugar.

MÓNICA MARTINEZ DE CAMPOS

Lição I

História e Fundamento do Fenómeno Jurídico Sucessório

Introdução

Nesta primeira lição há que fazer a genealogia das normas que regulam hoje as sucessões "*mortis causa*". E, seguidamente, fundamentar o fenómeno sucessório, justificando o quadro familiar em que aquele se desenvolve.

1. Evolução histórica do direito das sucessões

Direito das sucessões trata da transmissão dos bens por morte do seu titular. Falecido este, uma ou mais pessoas adquirem a titularidade dos bens do falecido. Sucedem-lhe nessa titularidade, por força da lei ou da vontade do falecido.

A sucessão jurídica é impulsionada por duas necessidades.

A alternativa à sucessão seria os direitos por morte do seu titular extinguirem-se. Extinguir-se-iam os direitos de crédito, as dívidas, os ónus, os direitos sobre imóveis, etc.. Daqui resultaria desordem, presente em mais ou menos grau desde o momento em que a morte de alguém parecesse aproximar-se. Valendo esta desordem tanto para as pessoas singulares e como para as pessoas coletivas, quando estas se extinguissem. Com algumas destas a desordem seria de uma grande amplitude, afetando toda a sociedade.

Mas continuemos só com a referência às pessoas singulares. O Direito das sucessões foi construído para estas e algumas das suas normas aplicam-se, com as devidas adaptações, às pessoas coletivas.

Vista a referida necessidade social, há que lhe associar um interesse (pessoal) do titular dos bens.

Os bens de que é titular fazem parte do seu meio ambiente próximo, objetivam a sua vida, estão associados aos seus sentimentos, nomeadamente à sua família.

Assim, é natural que o titular dos bens queira assegurar que, depois da sua morte estes não são destruídos ou desbaratados. Pretenderá mesmo que estes sejam atribuídos de acordo com a sua vontade ou os seus valores.

Aqui encontram-se dois interesses: o de cumprir a vontade do falecido; o outro o de beneficiar as pessoas da família do falecido, as que se presume que tenham gozado, conjuntamente, com o falecido, o seu património.

O Direito das sucessões pondera e equilibra estes dois valores.

Nesta matéria há que fazer uma referência um pouco mais aprofundada à sociedade e ao Direito romano.

A sociedade romana estava totalmente subordinada à natureza e às suas leis, através dos deuses da cidade que representavam forças da natureza – o trovão, o vento, o mar, a terra, etc.. Cada elemento da natureza – as fontes, os rios, as árvores , etc. – eram personificados por um deus.

Eram estes deuses que regiam caprichosamente a cidade e a sociedade romana. A vontade dos deuses não se apercebia por códigos éticos ou mandamentos, mas por augúrios naturais – o voo de um pássaro, as entranhas de um animal, etc.

Os seres humanos também estavam totalmente subordinados à cidade, através dos deuses desta, e das leis da natureza personificadas por esta.

Dentro da sociedade havia uma hierarquia natural. Cada um ocupava um posto para o qual tinha nascido e do qual, em princípio, não podia sair. Não se concebia o ser humano livre, independente e racional. A racionalidade e a independência pertenciam só a alguns, uma minoria reduzida.

Esta minoria não compreendia os escravos. Estes pertenciam ao género humano mas não tinham dignidade, direitos ou qualquer espécie de proteção. Eram seres sujeitos ao livre arbítrio de interesses.

Também as mulheres. Estas, enquanto solteiras, estavam sujeitas ao chefe de família (normalmente o pai) que podia dispor delas , castigá-las por atos praticados na família ou na sociedade, cedê-las em casamento etc..

O matrimónio romano não implicava a exigência da vontade dos nubentes nesse sentido. O essencial era o acordo dos "*pater famílias*", dos chefes de ambas as famílias. A mulher era transmitida para outra família, subordinada aos deuses desta família e ao respetivo "*pater*". Os laços com a antiga família, com o seu chefe e os seus deuses, eram cortados.

Também o estrangeiro tinha um estatuto jurídico que conhecia muitas limitações – e não poucos encargos.

E a plebe, os cidadãos vulgares? Estes não teriam qualidades, fechados egoistamente nos seus interesses individuais, sujeitos à corrupção, à indiferença perante a coisa pública, à justiça. A partir de certo momento ficaram, parecia, satisfeitos com o pão e o circo ("*panem et circenses*") que satisfaziam os seus apetites e os mantinham fora da virtude.

O ser humano completo, superior, era aquele que se dedicava à coisa pública, que enfrentava uma assembleia e discursava, governava, era objeto de respeito.

Este, a exemplo dos filósofos de Platão, conseguia atingir e gerir o interesse geral e geri-lo de acordo com o bem comum. Mas também aqui havia uma hierarquia de importância social e política, cujo cume eram os cônsules da República e o imperador mais tarde. Este estaria dotado de todas as qualidade, a autoridade, a soberania, a prudência, em graus superiores a qualquer outro. E grande maioria atingia a plenitude de um deus. Era o "augusto", o suprassumo, o supremo mais respeitado, o intocável, o sagrado. Só este era realmente uma pessoa no sentido atual do termo, livre, racional, eticamente responsável.

Regressemos à família totalmente dominada pelo "*pater*", pessoa e bens.

O "*pater*" podia adotar um filho para lhe suceder, no seu poder, sobre os bens e as pessoas, que lhe advinha de ser sucessor no estatuto de "*pater*".

Recebemos, pois, do Direito romano o princípio da liberdade de dispor dos bens – embora no enquadramento referido.

Do Direito germânico – de tanta importância na Alta Idade Média – recebemos a ideia de património familiar.

O património era familiar. Pertencia indiviso a uma família, independentemente da composição (variável) desta. Assim, por morte de um dos membros da família, o património continuava na titularidade desta.

Ainda hoje, diversos ordenamentos jurídicos, sobretudo anglo-saxónicos, consagram a propriedade de "mão-comum" para efeitos sucessórios.

O Direito português, e os Direitos romano-germânicos em geral, receberam e utilizaram também este modelo, a sucessão no quadro da família.

Tanto na Germânia, como em Roma, o testamento começou por não existir.

Tácito observa, de passagem, na sua "Germania" que os germanos, no século II depois de Cristo, não conheciam o testamento: "*et nullum testamentum*".

Comparando o direito germânico com o direito romano, pode descobrir-se a razão deste desconhecimento: os germanos não tinham, no seu direito, o instituto da "*patria potestas*", um poder absoluto e unitário, pessoal e patrimonial, concentrado nas mãos do "*pater*" e com base no qual este podia dispor, por morte, dos bens da família.

Mas também em Direito romano o testamento, expressão do poder de disposição patrimonial do "*pater*", é tardio. A sucessão legítima terá dominado os primeiros tempos de Roma.

Em todas as sociedades indo-europeias os familiares viviam em comunhão patrimonial (propriedade de mão comum ou de tipo germânico). Era a *unidade* familiar a proprietária dos bens; as alternações na composição "interna" dessa unidade não implicavam qualquer fenómeno sucessório, pois a unidade familiar era sempre a mesma. Nem se pode falar aqui de um "direito de acrescer" dos sobreviventes, pois os membros do agregado familiar não eram comproprietários ou titulares de quotas ideais.

Em Roma, foi com a afirmação da "*patria potestas*" que o património familiar se transformou em património do "*pater*" e este passou a poder dispor dele também "*mortis causa*".

É a "propriedade familiar" indo-europeia e germânica que acaba por determinar a sucessão nos quadros do grupo familiar. O "direito" dos parentes próximos esbate-se; já não é um direito "sobre" os bens, mas "aos" bens deixados sem titular por morte. Limitando-se o poder do proprietário dos bens de dispor deles por morte.

O interesse, social e juridicamente relevante, dos familiares mais próximos, levou, no Direito da Alta Idade Média, a limitar o poder de dispor.

Desde logo, o testamento medieval diferençava-se do testamento romano por se limitar a estabelecer a sorte do património – e já não, com a instituição de herdeiro, a criar um sucessor no poder sobre a família.

Enquanto se restringiam, por influência do direito germânico e do cristianismo, de acordo sobre a regra "*solus Deus heredem facere potest*", os poderes de disposição patrimonial do testador. Por influência do cristianismo, a família, fundada nos laços do sangue, passou a invocar o direito a uma parte importante de herança (ao lado, eventualmente, das partes dos pobres e da Igreja). As figuras de filho e de herdeiro passaram a coincidir naturalmente.

Continuando o direito contemporâneo ligado diretamente ao direito romano no que se refere à figura de herdeiro, entendido como sucessor universal *("hereditas nihil est quam successio in universum ius quod defunctus habuit"* – Dig. 4, 16, 24).

Enquanto que o direito germânico transmitia a norma de que "o morto empossa o vivo" ("*le mort saisit le vif*", em direito francês): os bens seriam adquiridos "*ipso iure*", sem necessidade de aceitação. Com base na circunstância de que tais bens se mantinham no círculo de parentes próximos, como recordação da comunhão germânica; não haveria uma verdadeira transmissão ou translação dos bens para outrem.

A conciliação entre a tradição germânica da propriedade familiar e a sucessão testamentária romana, levou a separar o património do "*de cuius*" em duas massas, uma de livre disposição, outra de devolução forçada aos parentes próximos. Estes últimos bens seriam os "bens de avoenga"[1], os herdados dos antepassados[2], que

[1] Com as Ordenações Manuelinas (Liv. 4º. tit. 25) aboliram o direito de avoenga. Mantendo-se esta abolição nas Ordens Filipinas (Liv. 4º tit, 2).

[2] A proteção dos bens dos antepassados, dos "bens de avoenga", mantem-se, em certa medida, nos dias de hoje. Vd. a título de exemplo o Ac. do TRC, de 22-05-2007, proc. 212-E/1997.C1, relator Ferreira de Barros, em que se pode ler "*Declarada a falência de herança ilíquida e indivisa, na subsequente venda ou adjudicação dos bens arrolados para a massa falida podem exercer o direito de remição os familiares do autor da herança indicados no art. 912º do CPC.*" Nos termos do nº 1 desse artigo,

teriam de ser transmitidos "*mortis causa*" aos descendentes, enquanto que os bens adquiridos podiam ser objeto de disposição testamentária.

Esta distinção entre bens "vinculados"[3] e os outros, só desapareceu em Portugal com a extinção dos morgadios, em pleno século XIX. E no Reino Unido ainda hoje subsiste, embora com reduzido alcance prático dado a diminuição dos bens vinculados com o desaparecimento do regime feudal.

2. O fundamento da sucessão

O fundamento da sucessão pode entender-se em dois sentidos: qual o fundamento do fenómeno sucessório – a que interesses responde a existência de uma sucessão "*mortis causa*"; quais os motivos que levaram a estabelecer a devolução sucessória em certos termos – nomeadamente a estabelecê-la nos quadros da família, transmitindo-se os bens a certos familiares mais próximos.

2.1. O fundamento do fenómeno sucessório

2.1.1. *A justificação jurídica da sucessão "mortis causa"*

Por morte do titular dos direitos e das obrigações, há a necessidade socialmente sentida de que aqueles e estes "adquiram" um novo titular; caso contrário, as coisas, sem proprietário, transformar-se-iam em "*res nullius*", sujeitas à apropriação do primeiro que as ocupasse; os créditos extinguir-se-iam, bem como as obrigações. A ordenação dos bens, o comércio jurídico e a própria ordem social estariam sujeitos a constantes ruturas e perturbações.

Por outro lado, os agentes económicos, titulares de direito de crédito e de direito real "a prazo" (sempre incerto, eventualmente curto) desinteressar-se-

"*ao cônjuge que não esteja separado judicialmente de pessoas e bens e aos descendentes ou ascendentes do executado é reconhecido o direito de remir todos os bens adjudicados ou vendidos, ou parte deles, pelo preço por que tiver sido feita a adjudicação ou a venda*". Vd., também, Ac. do TRC, de 26-06-2012, proc. 366-C/2002. C1, relator ARLINDO OLIVEIRA: "*a faculdade que é concedida ao cônjuge do executado ou aos seus descendentes ou ascendentes, por esta ordem (cf. artigo 915º, nº 1, CPC), tem em vista a protecção do património da família do devedor, obstando a que dele saiam os bens penhorados, configurando como que um direito especial de preferência, assente numa relação de carácter familiar, constituindo como que uma possibilidade de resgate dos bens penhorados*" (in www.dgsi.pt).

Segundo F. AMÂNCIO FERREIRA, in *Curso de Processo de Execução*, 13ª ed., Almedina 2010, p. 392, "*Reveste algumas semelhanças com o antigo direito de avoenga, que era um direito de preferência a favor dos irmãos e outros parentes, quanto aos bens herdados dos ascendentes. Através da concessão deste direito pretende-se proteger o património da família do devedor, obstando a que dele saiam os bens penhorados. É um benefício ou favor ao executado e seus familiares próximos, por razões de ordem económica e moral, sem que daí resulte qualquer prejuízo para a execução.*".

[3] Para mais desenvolvimentos sobre os morgadios vd. Manuel de ALMEIDA E SOUSA LOBÃO, *Tratado Pratico dos Morgados*, Lisboa, 2ª ed., 1814; Alexandre HERCULANO, "Os vínculos", in *Opúsculos*, liv. IV, Lisboa, 1856; Alfredo PIMENTA, *Vínculos Portugueses*, Coimbra, Imprensa da Universidade, 1932; Adriano XAVIER CORDEIRO, *O Problema da Vinculação e o Casal de Família*, Lisboa, 3ª ed., 1933.

-iam da sua aquisição, conservação e administração, por se transformarem em detentores precários. A possibilidade de se transmitirem os bens por morte a outros entes queridos, consolida o interesse do seu titular, remetendo a propriedade "vitalícia" para a eternidade.

A disciplina de sucessão "*mortis causa*" é, assim, um problema jurídico.

2.1.2. *Fundamento último da sucessão*

A reflexão filosófica sobre a sucessão tem ocupado os pensadores desde a Grécia clássica.

Comecemos pelos jusnaturalistas.

Grotius entendia que todas as coisas eram, originariamente, comuns a todos os homens; depois, através de uma convenção, constitui-se o direito de propriedade. É do direito de propriedade que resulta o direito de testar; fundando-se a sucessão legítima ("*ab intestat*") na vontade implícita do "*de cuius*".

Puffendorf rejeitou esta análise: o testamento não poderia resultar do direito de propriedade, pois aquele produz efeitos para depois da morte e a propriedade se extingue com a morte.

Leibniz ultrapassou esta dificuldade, invocando a imortalidade da alma: depois da morte persistiria a vontade do defunto que teria, no herdeiro, um mandatário.

Rousseau fazia ver, para fundar (com forte acento prático) a sucessão "*mortis causa*", que os herdeiros teriam contribuído para a formação do património familiar e que seria necessário evitar as desordens provocadas pelas mudanças contínuas no estado e nas fortunas dos cidadãos.

Tem sido com base em considerações semelhantes que o fenómeno sucessório tem sido fundamentado até hoje[4].

2.2. O fundamento do quadro familiar do fenómeno sucessório

A sucessão legal – legítima ou legitimária – opera-se nos quadros de família: uma certa parte da herança é devolvida necessariamente a familiares mais próximos (descendentes, ascendentes e cônjuge sobrevivo); outra parte é entregue aos familiares mais próximos (os referidos anteriormente, mais os irmãos e os sobrinhos) na falta de disposição do "*de cuius*".

A sucessão dos familiares justifica-se pelo facto de a propriedade continuar a ser, ainda hoje, largamente familiar: usufruída (quando não constituída) pelo

[4] Vd., em particular, I. Galvão Telles, *Direito das Sucessões. Noções Fundamentais*, 6ª ed. Reimp., Coimbra Editora, 1996, pp. 255 ss.; Pereira Coelho, *Direito das Sucessões*, pol., Coimbra, 1992, pp. 39-47; J. Oliveira Ascensão, *Direito Civil. Sucessões*, 5ª ed. Revista, Coimbra Editora, 2000, pp. 25-29; L. Carvalho Fernandes, *Lições de Direito das Sucessões*, 2ª ed. Reimp., Quid Juris, 2004, pp. 19-24.

conjunto dos familiares mais próximos; que têm, assim, uma expectativa de recebê-la por morte do seu titular (formal). Sendo, aliás, os mais idóneos, em princípio, para a administração desses bens sem retomarem perturbações socialmente inconvenientes.

Os bens que pertencem a uma família, independentemente do seu titular formal, estão ao serviço dos seus membros, das suas necessidades. Se é assim durante a vida dos seus titulares formais, tal preocupação projeta-se para além da vida destes. É sentida a necessidade de assegurar ao conjunto dos familiares mais próximos, a fruição dos bens que eram por eles fruídos durante a vida do seu titular. Assim, a sucessão não é vista numa perspetiva individualista, de um para o outro, mas sim do "*de cuius*" a favor da família. Existe uma ligação entre sucessão e família, uma vez que os herdeiros legitimários e legítimos, com exceção do estado, são familiares do autor da sucessão.

Trata-se de um ponto que não desenvolverei aqui, por dele tratar com certa frequência nas lições seguintes.

Bibliografia:

E. Besta, *Le sussessioni nella storia del diritto italiano,* Padova, 1935; P.S. Leicht, *Storia del Diritto Italiano, Il Diritto Privato, Parte Seconda, Diritti reali e di sussessione.* Lezioni, Milano, 1960, p. 167 e segs.; Victor Tau Anzoategui, *Esquema histórico del derecho sucesorio, del medievo castellano al siglo XIX,* Buenos Aires, 1971; Alfonso Garcia-Gallo, *El problema de la sucesion "mortis causa" en la Alta Edad Media española,* Madrid, 1959; P. Timbal, *Droit romain et ancien droit francais. Régimes matrimoniaux, Successions,* Libéralités, Paris, 1975; O. Heggelbacher, *Von römischen zum christlichen Recht,* Freiburg, 1959; G. Vismara, *Storia dei patti successori,* Milano, 1941; M. Falco, *Le disposizioni pro anima. Fondamenti dottrinali e forme giuridiche,* Torino, 1911; Clovis Bevilaqua, *Direito das Sucessões.*

Lição II

Conceito de Sucessão

Introdução

Esta lição visa situar o conceito de sucessão nos quadros da dogmática jurídica. Daremos o conceito de sucessão "*mortis causa*" que se passará a utilizar na exposição subsequente. E estabeleceremos a genealogia deste conceito, ainda profundamente enraizado no conceito romanista de sucessão. Sem esquecer as diferenças que existem entre a sucessão de direito romano e a sucessão "*mortis causa*" atual.

1. A sucessão como aquisição derivada translativa

1.1. Conceito de sucessão

Sucessão, tomada no seu sentido mais lato, designa uma sequência temporal entre dois fenómenos – um dos quais se segue, "sucede", ao outro. Trata-se de um conceito demasiadamente vasto para ser científico. Com efeito, não se afirma sequer uma relação de causalidade entre os fenómenos – um sendo "causa" do outro – pelo que um dos factos pode ser totalmente estranho ao outro; não servindo, pois, para a sua compreensão.

Há que precisar o conceito.

De entre as suas precisões, há uma que nos interessa: a da sucessão de pessoas numa mesma relação jurídica. Esta sucessão é determinada por um facto jurídico (a transmissão do direito de propriedade, o falecimento do primeiro sujeito, a cessão da dívida, etc.), podendo, assim, estabelecer-se um nexo entre dois fenómenos – o desaparecimento de um sujeito e o sub-ingresso de outro.

Note-se que a manutenção da relação jurídica, apesar da alteração dos sujeitos, pressupõe uma certa conceção dessa relação jurídica; é necessário vê-la assente no direito subjetivo "objetivado", independente na sua essência da pessoa do seu titular. O que não impede que se aceite a existência de direitos incindíveis da pessoa concreta do seu titular, extinguindo-se no momento do abandono deste. Como se verá mais tarde.

1.2. Aquisição derivada translativa

Descrevemos, até agora, "a sucessão" de pessoas numa mesma relação jurídica. Mas a mesma realidade pode ser apercebida numa outra perspetiva: a "aquisição" do direito por uma pessoa diversa do seu anterior titular.

Mas, aqui, há que distinguir diversas espécies de aquisição, só uma das quais correspondente à "sucessão" descrita.

A aquisição derivada é a que se funda num direito (o mesmo ou mais amplo) do anterior titular, cuja existência pressupõe; a existência do direito e a sua extensão, dependem da existência e da extensão do direito do anterior titular (*"nemo plus iuris in alium transferre potest quam ipse habet"*).

À aquisição originária não pré-existe qualquer direito ou, existindo um direito de um anterior titular, este não determina a existência e a extensão do direito adquirido; a existência e a extensão deste dependem só do facto aquisitivo.

Podemos, desde já, situar a "sucessão" no âmbito da aquisição derivada: o direito do sucessor é medido pelo direito do seu antecessor.

Há que precisar qual das modalidades de aquisição derivada coincide com o conceito de sucessão.

Na aquisição derivada translativa, o direito adquirido é o mesmo direito que pertencia ao anterior titular e que se transmite, idêntico, para o novo titular.

Na aquisição derivada constitutiva, o direito adquirido não existia, enquanto tal, na esfera jurídica do anterior titular. Constitui-se à custa de um direito pré-existente (o usufruto adquirido constituiu-se à custa do direito de propriedade).

Por sua vez, a aquisição derivada restitutiva pressupõe que o titular do direito de propriedade (plena) vê o seu direito completo com o desaparecimento de uma limitação, pela "restituição" do respetivo direito limitado.

A sucessão com o sentido que lhe atribuímos, corresponde à aquisição derivada translativa. O direito do sucessor é o mesmo que pertencia ao anterior titular.

Não basta, porém, a qualificação da sucessão como aquisição derivada translativa. A sucessão que vai ser estudada é "*mortis causa*". A morte do titular do direito é a causa da aquisição deste direito por outrem.

2. "Sucessão" e "aquisição": compreensão da sucessão "*mortis causa*" à luz do conceito romanista de "sucessão". Distinção entre herdeiro e legatário

Acontece, porém, que os dois conceitos que temos vindo a explicitar – sucessão e aquisição derivada translativa – e que fizemos coincidir, embora representem a mesma realidade, abordam-na de perspetivas diferentes.

Na perspetiva da aquisição derivada translativa, o direito transfere-se da esfera jurídica de um sujeito para entrar na esfera jurídica de outro.

Na ótica da sucessão, é o próprio sujeito que se desloca, para vir ocupar numa relação jurídica a posição que pertencia a outrem.

A primeira perspetiva é a contemporânea; a segunda, vinda do Direito Romano, influenciou o Direito, especialmente o Direito das Sucessões, até hoje. Esta dicotomia é útil, ainda nos nossos dias, para esclarecer a distinção entre herdeiro e legatário.

2.1. O conceito romano de sucessão ("*mortis causa*")

A família romana era, como o é hoje a família, assente em laços de parentesco ou conjugais. Contudo, não era, ao contrário do que acontece hoje, moldada estrita e necessariamente por estes.

A família "natural" nada mais era do que uma componente, embora determinante, de uma organização política e religiosa de base da sociedade romana, que era a família (em sentido jurídico e em sentido político religioso). Não se tratava de um espaço ocupado por laços de afeto e de cooperação, mas de uma organização hierárquica de pessoas, servindo também fins públicos, e dominada por um chefe, o "*pater familias*". O "*pater*" dispunha de amplos poderes sobre o património do agregado familiar que era, fundamentalmente, o seu património, e sobre as pessoas dos membros da família, chegando a ter a faculdade, durante a maior parte do período de vigência do Direito Romano, de dispor da vida daquelas. Assim, a sucessão nos poderes do "*pater familias*", não era a sucessão "natural" do parente mais próximo, mas, antes, a nomeação de um novo dominante do grupo familiar. A ponto de o novo "*pater*" não estar necessariamente vinculado pelo sangue aos membros da sua nova família. Havia alguém que vinha ocupar a posição jurídica do anterior "*pater familias*", não só nos seus aspetos pessoais, como na sua vertente patrimonial política e religiosa. Existia, repito, uma substituição de pessoas na titularidade de um conjunto de relações jurídicas.

Era esta, nas suas linhas essenciais, a conceção romana de sucessão "*mortis causa*".

Esta conceção veio influenciar profundamente o Direito de todas as épocas até hoje, sendo ainda determinante, no Direito atual, do conceito de herdeiro. O herdeiro, como veremos imediatamente a seguir, é alguém que é chamado a subentrar na titularidade de um conjunto de relações jurídicas que pertenciam ao falecido. Enquanto que, contrariamente, o legatário é alguém que recebe uma ou umas certas relações jurídicas que pertenciam ao falecido.

Portanto: enquanto que o herdeiro é chamado a ocupar a posição jurídica (patrimonial) do falecido; o legatário, figura distinta, mantém-se estático, entrando na sua esfera as relações jurídicas a que ele é chamado a suceder[5].

[5] Vd., nomeadamente, PEREIRA COELHO, *ob. cit.*, pp. 20 ss. e OLIVEIRA ASCENSÃO, *ob. cit.*, pp. 35-36.

2.1.1. *O critério legal da sucessão "mortis causa"*

O Código Civil, no seu artigo 2024º, consagra a perspetiva da sucessão por morte, como "sucessão" (e não como aquisição derivada translativa): "*diz-se sucessão o chamamento de uma ou mais pessoas à titularidade das relações jurídicas patrimoniais de uma pessoa falecida e a consequente devolução dos bens que a esta pertenciam*"[6]. A característica da sucessão não estará, pois, na transferência dos direitos de uma pessoa para outra, mas no chamamento de uma pessoa à titularidade das relações jurídicas patrimoniais que pertenciam a outrem.

O legislador ficou, assim, estreitamente ligado à herança romana.

Mais, aliás, do que o artigo 2024º, pode levar a querer[7].

Com efeito, os herdeiros estão vinculados a um certo número de direitos e deveres de carácter não patrimonial, cujo núcleo essencial é constituído pela defesa dos direitos da personalidade do falecido. Deverão ser, assim, os herdeiros, a defender o direito do falecido ao seu bom nome, à sua integridade física, o seu direito à sepultura, etc., como se verá mais tarde; continuando (ou representando) a pessoa do falecido.

2.2. Critério legal da distinção entre herdeiro e legatário

O artigo 2030º do Código Civil, no seu número 2, dá a noção de herdeiro e de legatário: "*diz-se herdeiro o que sucede na totalidade ou numa quota do património do falecido e legatário o que sucede em bens ou valores determinados*".

O critério da distinção está, assim, na indeterminação (herdeiro) ou na determinação (legatário) dos bens deixados.

Precisando as noções, verifica-se que a "quota" de herdeiro é uma quota ideal ou abstrata (fração aritmética) da herança, podendo compreender bens ou valores determinados por exclusão.

Assim, a deixa testamentária de um terço da herança representará a instituição de um herdeiro; a deixa de todos os bens com exceção das quintas, também será herança; enquanto que a deixa de "todas as casas", do "usufruto" da quinta situada em Monção, da biblioteca, etc., traduzirá legado.

[6] Galvão Telles, autor do anteprojeto do *Direito das Sucessões*, propôs a seguinte noção de sucessão: *"Quando alguém falece, todos os seus direitos e obrigações, que não sejam intransmissíveis por morte, se transferem a uma ou mais pessoas..."* (Anteprojecto da parte do novo Código Civil relativa ao Direito das Sucessões, *BMJ*, 54º, p. 21).

[7] Note-se que a noção legal de sucessão do artigo 2024º do CC tem suscitado interpretações divergentes por parte da doutrina. Sobre esta matéria vd. Pereira Coelho, *ob. cit.*, pp. 36-38; Oliveira Ascensão, *ob. cit.*, pp. 448 ss.; Carvalho Fernandes, *ob. cit.*, pp. 60 ss.; R. Capelo de Sousa, *Lições de Direito das Sucessões*, vol. I, 4ª ed. Coimbra Editora, 2000, pp. 15 ss.; Pamplona Corte-Real, *Curso de Direito das Sucessões*, Quid Juris, 2012, pp. 15 ss.; Duarte Pinheiro, *O Direito das Sucessões Contemporâneo*, AADFL 2011, pp. 28-31.

O legatário é um sucessor a título singular ou particular; enquanto que o herdeiro é um sucessor a título universal. O legatário só sucede nos bens para que foi chamado; o herdeiro sucede nos bens para que foi chamado e em quaisquer outros que se venham a encontrar sem titular. O seu chamamento é, "em potência", da totalidade da herança, estando limitado, "em ato", pelos direitos dos legatários e de outros co-herdeiros.

Remontando na história, diria que a figura do herdeiro moderno se inspira na figura do herdeiro romano; o herdeiro continua a ser alguém que vem ocupar a posição jurídica do "*de cuius*" quanto ao conjunto (mais ou menos comprimido) das suas relações jurídicas (direitos, obrigações, e mesmo situações jurídicas de carácter não patrimonial).

O herdeiro é um "sucessor", o único sucessor no sentido romano da expressão.

Enquanto que o legatário, como qualquer "adquirente", só recebe bens determinados.

Na "herança", há uma sucessão de sujeitos; no legado, uma transmissão de bens.

Bibliografia:

José de Oliveira Ascensão, *Direito Civil, Sucessões,* Lisboa, 1989, pág. 259 a 296; Inocêncio Galvão Telles, *Direito das Sucessões, Noções Fundamentais,* Lisboa, 1971, pág. 23 a 56 e 141 a 224.

Lição III

As Várias Espécies de Sucessão por Morte: Sucessão Legítima; Sucessão Legitimária; Sucessão Testamentária; Sucessão Contratual. As Fontes do Direito das Sucessões

Introdução

A presente lição, ao enunciar e definir as várias espécies de sucessão por morte, vem completar, especificando, o conceito de sucessão enunciado na lição precedente.

Visa também indicar as diversas fontes do Direito das Sucessões, não descurando as fontes não civis, de muita importância nesta matéria.

1. As várias espécies de sucessões por morte

1.1. Descrição sumária das espécies de sucessão por morte

A sucessão por morte divide-se em duas grandes modalidades: legal e voluntária. A sucessão legal é a que decorre da lei; a sucessão voluntária é a que se baseia num negócio jurídico (arts. 2026º e ss. do CC).

A sucessão legal pode ser legítima e legitimária. E a sucessão voluntária será testamentária ou contratual.

A sucessão testamentária tem como fonte o testamento, negócio jurídico unilateral.

A sucessão contratual tem como base um contrato, um pacto pelo qual se destina a sucessão de uma pessoa viva (sem prejuízo das normas da sucessão legitimária).

A sucessão legitimária decorre da lei, que determina a transmissão de uma quota da herança do "*de cuius*" para certos parentes próximos (descendentes, cônjuge e ascendentes), quota de que o autor da sucessão não pode dispor.

Não havendo herdeiros legitimários ou, havendo-os, até ao limite da quota de que o autor da sucessão podia dispor – mas de que não dispôs, ou dispôs invalidamente – abre-se a sucessão legítima. Os bens são devolvidos a certos parentes, aqui incluídos os herdeiros legitimários, mas que se estendem para além destes (últimos).

As sucessões legítimas, legitimária e testamentária que são as de maior importância prática (embora diversa), serão objeto de análise mais aprofundada no decurso das lições subsequentes.

A sucessão contratual, de muito reduzida importância prática, far-se-á tão só a breve referência que se segue, sem desenvolvimentos posteriores.

1.1.1. *Sucessão contratual*

Há sucessão contratual (art. 2028º do CC) quando, por contrato, alguém renuncia à sucessão de pessoa viva, ou dispõe da sua própria sucessão ou da sucessão de terceiro ainda não aberta. Temos assim três modalidades de pactos sucessórios, os pactos renunciativos ou "*de non succedendo*"; os pactos institutivos, atributivos, ou "*de succedendo*"; e os pactos sobre a sucessão de um terceiro, pactos dispositivos ou "*de hereditate tertii*".

Estes contratos sucessórios só são admitidos nos casos previstos na lei, sendo nulos os demais (art. 2028º, nº 2, do CC). Não é, porém, havido por sucessório o contrato pelo qual alguém faz doação entre vivos, com ou sem reserva de usufruto, de todos os seus bens ou de parte deles, a algum ou alguns dos presumidos herdeiros legitimários, com o consentimento dos outros, e os donatários pagam ou se obrigam a pagar a estes o valor das partes que proporcionalmente lhes tocariam nos bens doados. Na partilha em vida, se sobrevier, ou se tornar conhecido, outro presumido herdeiro legitimário, pode este exigir que lhe seja composta em dinheiro a parte correspondente (art. 2029º, nºs 1 e 2, do CC).

A permissão deste artigo, aliás tradicional no direito português[8], tem sido utilizada para evitar o fracionamento da já pequena propriedade rural, nomeadamente em diversas regiões do Norte do país[9]. Os pais doam os bens imóveis ao filho mais velho, que se obriga a "compor" a legítima dos irmãos e das irmãs mais novos em dinheiro. Dinheiro que, aliás, é normalmente pertença dos pais. Esta compensação monetária representa uma espécie de dote para as filhas e um auxílio ao estabelecimento profissional dos filhos no comércio ou no artesanato, ou a custear as suas despesas com a emigração. E um uso particularmente nocivo para as filhas casadas que veem a sua legítima, em dinheiro, dissolver-se nos bens comuns do casal.

Para além da partilha em vida poder desempenhar um papel relevante para a unidade e continuidade do património familiar, também apresenta outras vantagens: a de prevenir conflitos entre herdeiros legitimários aquando da morte do "*de*

[8] Vd. sobre as origens históricas da partilha em vida, Barreiros, José António, "A partilha em vida no Código Civil", in *ROA* 37, 1977, pp. 599-609.

[9] Cfr. Comissão Revisora do Anteprojecto do Direito das Sucessões, "Actas" in, *BMJ* 133, pp. 91-92.

cuius", no momento da partilha do património hereditário[10]; a de evitar as despesas que decorrem normalmente dos litígios; a de não estar sujeita à colação – contrariamente às demais doações em vida a favor de presuntivos herdeiros legitimários prioritários – dado que a igualação é alcançada, tanto pela obrigação de pagar tornas aos herdeiros não donatários como pela obtenção do consentimento de todos[11], sem prejuízo da imputação das doações[12] que integram a partilha em vida na legítima dos donatários e da contabilização das mesmas para o cálculo do valor da herança; etc..

Quando se verifique a superveniência de um presuntivo herdeiro legitimário prioritário que não tenha sido contemplado na partilha em vida, ser-lhe-á atribuído um direito de crédito sobre os restantes donatários, beneficiários da partilha, tal como prevê o artigo 2029º, número 2, do Código Civil[13], ficando assim salvaguardada a estabilidade do ato. Mas como as doações "*inter vivos*" são

[10] Neste sentido, vd. Menezes Leitão, Luís Manuel Teles de, "A partilha em vida", in VV.AA., *Estudos em Homenagem ao Professor Doutor Carlos Pamplona Corte-Real*, Coimbra, Almedina, 2016, p. 145. Ver também, Barreiros, António, "A partilha em vida no Código Civil", cit., pp. 610-611; Pamplona Corte-Real, "A partilha em vida", in *Ciência e Técnica Fiscal* nº 330, Lisboa, 1986, p. 159.

[11] Como se pode ler no Parecer do Conselho Técnico da Direção Geral de Registos e Notariado, Processo nº 64196 R.P. 4, de Dezembro de 1996, "*a colação visa a igualação na partilha e esta igualação não é afetada pela 'partilha em vida', que foi feita com intervenção e consentimento de todos os presuntivos herdeiros legitimários*".
Ainda assim, há quem defenda que as doações na partilha em vida estão sujeitas à colação (Pamplona Corte-Real, "A partilha...", cit., p. 171), embora a doutrina maioritária entenda que o regime não se aplica a estes casos, com argumentos diversos (Dias, Cristina Araújo, *Lições de Direito das Sucessões*, 6ª edição, Coimbra, Almedina, 2017, p. 42, nota 52; R. Capelo de Sousa, *ob. cit.*, p. 39, nota 62; Carvalho Fernandes, *ob. cit.*, p. 567; Morais, Daniel, *Autodeterminação sucessória por Testamento ou por contrato?*, Cascais, Principia, 2016, p. 373; Duarte Pinheiro, *O direito das Sucessões contemporâneo*, 2ª Edição, Lisboa, AAFDL Editora, 2017, p. 276; Mealha, Esperança Pereira, "Partilha em vida e seus efeitos sucessórios", in VV.AA. *Estudos em Homenagem ao Professor Doutor Inocêncio Galvão Telles*, vol. I, Coimbra, Almedina, 2002, pp. 523 e ss. (p. 551); Menezes Leitão, *ob. cit.*, p. 154-155; Oliveira de Ascensão, *ob. cit.*, p. 543; Pereira Coelho, *ob. cit.*, p. 33.
No anteprojeto de Galvão Telles também se previa que "os bens doados nos termos deste artigo não serão objeto de colação, nem tão-pouco de imputação na quota disponível, não entrando pois, em partilha" (Cfr. Galvão Telles, "Anteprojeto da parte do novo Código Civil relativa ao Direito das Sucessões", in *BMJ*, 54, 1956, p. 22), mesmo que a solução não tenha sido transposta para o atual código civil.

[12] Como a partilha em vida é um conjunto de doações "inter vivos", distintas das doações "mortis causa", segundo Rita Lobo Xavier (*Planeamento sucessório e transmissão do património à margem do direito das Sucessões*, 1ª edição, Porto, Universidade Católica Editora, 2016, p. 99), está sujeita ao regime destas.

[13] Defende Capelo de Sousa uma ideia ligeiramente diferente, considerando que nestes casos as doações que integram a partilha em vida devem ser levadas à colação, se não resultar do ato uma dispensa de colação (art. 2113º do CC) ou se o herdeiro superveniente não exigir que a sua quota seja preenchida em dinheiro (R. Capelo de Sousa, *ob. cit.*, pp. 39-40 nota 62).

revogáveis, as doações que integram a partilha são igualmente revogáveis, não ficando, contudo, afetada a partilha em vida. A revogação por ingratidão de um dos donatários implicará apenas que este restitua o que recebeu do doador (art. 974º do CC). A solução será outra quando houver recusa ou omissão de um dos presuntivos herdeiros legitimários em dar o seu consentimento. A partilha é um contrato em que são essenciais a participação e o acordo dos presuntivos herdeiros legitimários, conhecidos à data do ato. Logo, a omissão de um ou vários herdeiros implica a nulidade do ato[14]. Pode-se admitir a convalidação do ato quando o consentimento em falta for prestado antes da morte do disponente[15]. E, pode-se eventualmente admitir a conversão da partilha em vida numa série de doações conjuntas (art. 293º do CC).

Note-se que o ascendente pode englobar na partilha em vida todos os bens que constituem o seu património à data do ato, ou parte deles, com exclusão dos bens futuros (art. 942º do CC), admitindo-se à luz do artigo 2029º, número 1, do Código Civil, a partilha total e a partilha parcial. Quando o disponente realizar uma partilha em vida parcial, poderá realizar novas partilhas dos bens que ainda não tenham sido partilhados em vida. A partilha em vida, total ou parcial, produz efeitos imediatos, pois opera a transmissão do direito de propriedade dos bens para os donatários. É uma forma dos herdeiros começarem a usufruir da herança antes da morte do doador, o que pode vir a ser um inconveniente para este último. Pode vir a necessitar dos bens doados, razão pela qual, por vezes, o "*de cuius*" opta por não fazer uma partilha em vida, por fazer uma partilha parcial ou estipula clausulas acessórias, tais como uma reserva de usufruto em alguns bens doados ou uma reserva de disposição de bens (art. 959º do CC).

[14] O mesmo ocorre quando a partilha em vida é realizada em fraude à lei. Vd, a título de exemplo, Ac. STJ, de 02-11-2017, Proc. 420/16.9T8STR.E1.S1, Rel. Rosa Ribeiro Coelho: "XI – É válida a doação entre vivos da totalidade ou de parte dos bens a herdeiro(s) legitimário(s), com o consentimento dos demais herdeiros legitimários não donatários – art. 2029º, nº 1 do CC.
XII – Dissolvido um casal por óbito de um dos cônjuges, e feita a respetiva partilha por escritura na qual não participou uma das filhas do casal, com atribuição aos outros filhos da nua propriedade dos imóveis, com a futura consolidação, na sua titularidade, da propriedade plena dos mesmos bens por via da extinção do usufruto então constituído a favor do cônjuge sobrevivo e sem que a este fossem pagas as tornas que lhe cabiam, mas que na escritura foram mentirosamente dadas como pagas, é obtido, no tocante à futura sucessão do cônjuge sobrevivo, um resultado igual ao de uma partilha em vida.
XIII – A partilha assim efetuada prossegue um fim proibido por lei, pelo que é nula, nos termos do artigo 281º do CC.
XIV – Não cabendo este caso no âmbito dos previstos nos arts. 70º e 71º do Código do Notariado, desta nulidade da partilha não resulta a nulidade da escritura pela qual foi celebrada."

[15] Menezes Leitão, "A partilha em vida", in *Estudos em homenagem ao Professor Doutor Carlos Pamplona Corte-Real, ob. cit.*, p. 148.

A partilha em vida tem subjacente uma ideia de antecipação sucessória com contornos definitivos. Se o bem incluído na partilha em vida for um prédio urbano no valor de 900.000 euros e o disponente tiver três filhos, pode doar o prédio a um deles e os outros, concordando, recebem o valor das tornas. Os outros dois vão receber 300.000 euros cada um, mesmo que o prédio se tenha valorizado e passe a valer, à data da abertura da sucessão, 1.500.000 euros. Como o objetivo da partilha em vida é que os bens sejam partilhados naquele momento, também é naquele momento que importa avaliar o bem doado e o valor das tornas. A valorização ou desvalorização do prédio é um risco que se corre quando se faz uma partilha em vida, e não justifica uma nova avaliação à data da abertura da sucessão para efeitos de igualação e de redução por inoficiosidade.

A proibição dos pactos sucessórios visa evitar que o "*de cuius*" se prive da sua liberdade de dispor dos bens até ao último momento da sua vida. Com efeito, enquanto o testamento, negócio jurídico unilateral, é livremente revogável, os pactos sucessórios como contratos, são irrevogáveis; com exceção do pacto previsto no artigo 1705º, número 2, do Código Civil, e da doação por morte havida como disposição testamentária, prevista no artigo 946º, número 2, do Código Civil.

Há, todavia, alguns casos em que a lei permite os pactos sucessórios.

Trata-se da doação "*mortis causa*" entre esposados e de terceiros aos esposados, doação que pode ser de bens certos e determinados ou de parte ou da totalidade da herança (art. 1701º do CC); tratando-se, no primeiro caso, de instituição de legatário e, no segundo, de instituição de herdeiro.

No caso de instituição de herdeiro, o doador deixa de poder dispor dos bens doados "*mortis causa*", a título gratuito, seja "*inter vivos*" seja "*mortis causa*". Embora possa dispor deles a título oneroso. Trata-se, como veremos, de um quadro jurídico semelhante ao do herdeiro legitimário.

No caso de doação de bens presentes certos e determinados, a limitação dos poderes do doador é ainda maior. O doador deixa de poder alienar os bens doados, entre vivos ou para depois da morte, a título gratuito ou oneroso. A não ser que a alienação a título oneroso se baseie em grave necessidade, própria do devedor ou dos membros de família a seu cargo, e o donatário autorize, por escrito, essa alienação; ou tal autorização seja suprida judicialmente. E, nesta hipótese, o donatário concorrerá à sucessão do doador, como legatário do valor que os bens doados teriam ao tempo da morte deste, devendo ser pago com preferência a todos os demais legatários do doador (art. 1701º, nº 3, do CC).

Ainda existe outro caso de pacto sucessório legalmente permitido.

O artigo 1700º, número 1, alínea b), do Código Civil, prevê a instituição de herdeiro ou a nomeação de legatário em favor de terceiro feito por qualquer dos esposados na convenção antenupcial.

Se a disposição for feita em favor de pessoas indeterminadas, ou em favor de pessoa certa e determinada que não intervenha no ato como aceitante (art. 1704º do CC), a disposição tem valor de testamento; se a disposição for realizada a favor de pessoa certa e determinada que intervenha como aceitante na convenção antenupcial (art. 1705º do CC), o negócio em que ela se integra tem carácter contratual.

Os pactos sucessórios são hoje aceites só com vista a favorecer o matrimónio. Parentes dos cônjuges – ou o cônjuge mais abastado – garantem aos cônjuges, ou a pessoa ligada a estes (a mãe de um deles, por exemplo), os meios de subsistência, ou de uma vida mais confortável.

A maior independência económica dos cônjuges, entre si e em relação às respetivas famílias, assente sobretudo na capacidade de cada um de viver do seu trabalho – e, através deste, sustentar os seus parentes mais próximos – tem levado à perda de significado dos pactos sucessórios. Hoje, em largo desuso.

Por último, na sequência da alteração introduzida ao Código Civil pela Lei nº 48/2018, de 14 de agosto, que reconheceu a possibilidade de renúncia recíproca à condição de herdeiro legitimário do outro cônjuge na convenção antenupcial, passou a haver um novo pacto sucessório excecionalmente permitido, um pacto sucessório renunciativo[16]. A alínea c), do número 1, do artigo 1700º do Código Civil, permite que, na convenção antenupcial, seja estipulada a renúncia recíproca à condição de herdeiro legitimário do outro cônjuge. O número 3 do artigo 1700º determina que a renúncia recíproca à condição de herdeiro legitimário do outro cônjuge apenas é admitida caso o regime de bens seja o regime de separação de bens, convencional ou imperativo; É imperativo nos casos em que o casamento é celebrado sem precedência do processo preliminar de publicações ou no caso de um dos nubentes ter 60 anos de idade (art. 1720º do CC).

Poder-se-á entender, de acordo com o Projeto de Lei nº 781/XIII, que esta renúncia visa favorecer segundos casamentos (princípio *favor matrimonii*), sem prejudicar os interesses patrimoniais dos filhos de anteriores relações[17]. No entanto, a lei não exige para a celebração deste pacto renunciativo que tenha

[16] Vd. sobre a questão da nulidade dos pactos renunciativos, antes da entrada em vigor da Lei nº 48/2018, Oliveira, Guilherme, "Renúncias Recíprocas às quotas legitimárias através de legados «em substituição da legítima» feitos em convenção antenupcial", em http://www.guilhermedeoliveira.pt/resources/Renu%CC%81ncias-a%CC%80s-quotas-legitima%CC%81rias-atrave%CC%81s-de-legados-em-substituic%CC%A7a%CC%83o-da-legi%CC%81tima-feitos-em-convenc%CC%A7a%CC%83o-antenupcial.pdf

[17] Segundo o preambulo do Projeto de Lei nº 781/XIII, apresentado em 20 de fevereiro de 2018, o objetivo era a "*criação de um regime, apenas aplicável àqueles que por mútuo acordo por ele optem, que permite que as pessoas possam contrair matrimónio sem qualquer efeito sucessório, e portanto, sendo esse o caso, sem qualquer efeito nos interesses patrimoniais dos filhos*".

havido uma relação prévia, nem sequer que haja filhos de anteriores relações[18]. O previsto é que haja uma renúncia mútua, que conste da convenção antenupcial e que o regime de bens seja o de separação. Aliás, o número 1 do artigo 1707º-A do Código Civil permite que a renúncia esteja condicionada à sobrevivência de sucessíveis de qualquer classe, bem como de outras pessoas, e não apenas à sobrevivência dos filhos de anteriores ligações. Outra preocupação subjacente ao referido Projeto de Lei é a de assegurar a continuidade dos patrimónios hereditários na mesma família consanguínea[19]. Ou seja, evitar que, por via do casamento, os bens levado por um dos cônjuges passem à sua morte para a família do outro e vice versa. O que pode perfeitamente acontecer se não houver um pacto renunciativo, dado que o cônjuge sobrevivo, desde a reforma de 1977, em concurso com descendentes, ascendentes, ou sozinho, é sempre chamado à sucessão. E continuarão a sê-lo aqueles que casaram antes da entrada em vigor da Lei, mesmo que o regime de bens, convencional ou imperativo, seja o da separação de bens. O pacto renunciativo só pode ocorrer em momento anterior ao da celebração do casamento, quer seja na convenção antenupcial, quer seja na sua modificação (art. 1712º, nº 1, do CC). Depois da celebração do casamento não é permitido estipular um novo pacto. A possibilidade de uma convenção pós-nupcial não está prevista[20].

É inquestionável que a sucessão entre cônjuges pode constituir um sério obstáculo à celebração de um casamento e que a permissão de um pacto renunciativo entre eles pode remover essa dificuldade. Logo, não se percebe o motivo do pacto renunciativo estar vedado aos nubentes que optem por um outro regime de bens que não seja o regime de separação de bens.

Outras observações se impõem. O pacto renunciativo é, sem sombra de dúvida, por força do artigo 1700º, número 1, alínea c), do Código Civil, um pacto sucessório. Mas será que a renúncia equivale a um repúdio? O repúdio é um ato unilateral e irrevogável que só pode ocorrer depois da abertura da sucessão em

[18] Os pareceres do Instituto de Registos e Notariado e do Conselho Superior da Magistratura, relativamente ao projeto, também se referem a este aspeto.

[19] Cfr. Manuel de Almeida e Sousa (de Lobão), Notas a Mello, vol. II, título IX, §25, nº 6º, Lisboa 1836, p. 512 que afirma que "*he valido o pacto bem praticado, em que os esposados convencionão que não havendo filhos do matrimonio, ou havendo-os, e morrendo depois de hum em vida do outro sobrevivo, este não seja seu herdeiro; e isto em ordem a que, mediante esta sucessão legal, não passem os bens de huma família para outra*".

[20] Cfr. Morais, Daniel, *Autodeterminação Sucessória por contrato ou por testamento?*, Cascais, Principia, 2016, p. 457, que defende a admissão de convenções pós-nupciais. Silva Pereira, Margarida e Henriques, Sofia consideram que "*seria desejável e de maior adequação ao princípio da autonomia da vontade dos cônjuges, pactos renunciativos subsequentes à celebração do casamento*". E, "*que a renúncia deve ter a possibilidade de ocorrer tanto em convenção antenupcial como em convenção pós-nupcial*" ("Pensando sobre os pactos sucessórios renunciativos pelo cônjuge – contributos para o projeto de lei nº 781/XIII", *Revista Julgar*, maio 2018, http://julgar.pt/pensando-sobre-os-pactos-renunciativos-pelo-conjuge-contributos-para-o-projeto-de-lei-n-o-781xiii/).

causa (arts. 2062º e 2066º do CC). A renúncia também é irrevogável dado o princípio da imutabilidade da convenção antenupcial (art. 1714º do CC)[21]. Porém, dá-se antes da abertura da sucessão e antes dos cônjuges terem adquirido o estatuto sucessório de cônjuges e a qualidade de cônjuges, pois o pacto só pode ser celebrado na convenção antenupcial, isto é antes da celebração do casamento e antes do chamamento. Terá o legislador criado uma modalidade de repúdio, o repúdio antecipado[22]? O regime em análise sugere isso mesmo. O facto de o repúdio ser um ato unilateral não obsta a que a renuncia seja equiparada a este, se considerarmos que estamos perante duas declarações de vontade, autónomas – a de cada um dos cônjuges – mas reciprocas e formalmente incluídas num ato de natureza contratual, a convenção antenupcial.

O legislador não tomou posição sobre a natureza da renúncia e deixa pairar ambiguidades sobre a sua extensão. Emprega as expressões renúncia "à condição de herdeiro legitimário" (art. 1700º, nº 1, al. c), do CC) e renúncia "à herança" (art. 2168º, nº 2, do CC). Os termos da alínea c), do número 1, do artigo 1700º, parecem sugerir que se trata de uma renúncia à sucessão legitimária[23]. Por outro lado, nas expressões renúncia à "condição de herdeiro" (epígrafe do art. 1707º-A do CC) e à "posição sucessória do cônjuge" (nº 2, do art. 1707º-A do CC) pode estar implícita a renúncia à sucessão legal, legitimária e legítima, em consonância com o princípio da indivisibilidade da vocação sucessória. Fica, assim, por clarificar se o princípio da indivisibilidade da vocação será aqui aplicável[24] ou se passou a ser admitida uma renúncia parcial, limitada à sucessão legitimária, mesmo que os artigos 2055º e 2250º, do Código Civil, que preveem as exceções ao princípio da indivisibilidade, não contemplem esta situação.

[21] Dias, Cristina Araújo, *Alteração do Estatuto Patrimonial dos Cônjuges e a Responsabilidade por Dívidas*, Coimbra, Almedina, 2012, p. 10, referindo-se ao princípio da imutabilidade, diz constituir "*uma das pedras angulares em que assenta a construção jurídica das convenções matrimoniais*". E, como referem Pereira Coelho e Guilherme de Oliveira (*Curso de Direito da Família*, vol. I, 5ª edição, Imprensa da Universidade de Coimbra, 2016, p. 577) "*deve ter-se em conta que o princípio da imutabilidade das convenções antenupciais vale no nosso direito em termos muito rígidos, só comportando as exceções aludidas no art. 1715º, nº 1, algumas das quais, de resto, só em sentido amplo e menos rigoroso poderão assim considerar -se*".

[22] Para Galvão Telles, a renúncia constituía um repúdio antecipado (*Direito das Sucessões. Noções Fundamentais,* Coimbra Editora, 1971, p. 113).

[23] Neste sentido, vd. Pedro, Rute Teixeira, "Pactos sucessórios renunciativos entre nubentes à luz do art. 1700º, nº 1, alínea c) do Código Civil – análise do regime introduzido pela lei nº 48/2018, de 14 de agosto", *ROA* 78, jan./jun. 2018, pp. 415 ss. (em especial pp. 441-444); Morais, Daniel, "A relevância dos pactos sucessórios renunciativos na transmissão do património entre as gerações", *Revista de Direito Comercial,* 2018, pp. 1098-1099, in https://www.revistadedireitocomercial.com/a-relevancia-dos-pactos-sucessorios-renunciativos.

[24] Parece que sim, de acordo com o Parecer do Conselho Consultivo do Instituto dos Registos e do Notariado, Nº 42/CC/2018, Pº C.C. 84/2018 STJSR-CCB, onde se pode ler (p. 11): Por lapso "*consubstancia um acordo que anula direitos nas heranças futuras de pessoas que são partes no acordo*".

De acordo com o nº 2 do artigo 1707º-A, do Código Civil, a renúncia apenas afeta a posição sucessória do cônjuge (na sucessão legitimária ou também, na sucessão legítima?), não prejudicando designadamente o direito a alimentos do cônjuge sobrevivo (art. 2018º do CC), nem as prestações sociais por morte. No que respeita à casa de morada de família, sendo esta propriedade do "*de cuius*", o cônjuge sobrevivo pode nela permanecer, pelo prazo de cinco anos, como titular de um direito real de habitação e de um direito de uso do recheio (nº 3, art. 1707º-A, do CC). Este prazo pode caducar caso o interessado não habite a casa por mais de um ano, por motivos que lhe sejam imputáveis (nº 5), ou ser prorrogado face a uma situação de carência do cônjuge sobrevivo (nº 4). Esgotado o prazo em que beneficiou do direito de habitação, o cônjuge sobrevivo tem o direito de permanecer no imóvel na qualidade de arrendatário (nº 7). O artigo 1707º-A contém, ainda, normas relativas à instituição de um direito de preferência em caso de alienação do imóvel (nº 9) e à possibilidade de o direito real de habitação ser vitalício quando o cônjuge sobrevivo tenha completado 65 anos de idade à data da abertura da sucessão (nº 10).

Para além destas garantias a favor dos cônjuges renunciantes, estes ainda podem beneficiar de liberalidades. O disposto no nº 2 do artigo 2168º, do Código Civil, determina que não são inoficiosas as liberalidades a favor do cônjuge sobrevivo que tenha renunciado à herança ao abrigo da alínea c) do nº 1 do artigo 1700º, até à parte da herança correspondente à legítima do cônjuge caso a renúncia não existisse[25]. Os efeitos do pacto renunciativo ficam, desta forma, atenuados. O renunciante pode ser comtemplado com liberalidades e estas não serão reduzidas por inoficiosidade, desde que se contenham na sua legítima subjetiva fictícia; aquela a que ele teria direito se fosse chamado a suceder ao "*de cuius*".

As liberalidades feitas a favor do cônjuge renunciante serão imputadas na quota disponível ou na sua legitima fictícia? A solução prevista no número 2 do artigo 2168º pode conduzir a duas interpretações distintas.

À semelhança do previsto no número 2, do artigo 2114º em que a doação "*inter vivos*" sujeita a colação, feita a um repudiante, quando este não tenha descendentes que o representem, é imputada na sua legítima subjetiva fictícia, as liberalidades a favor do cônjuge repudiante seriam imputadas na sua legítima subjetiva fictícia. Neste caso, se as liberalidades forem inferiores à legitima fictícia, coloca-se a questão de saber o que fazer com o excesso. Haverá direito de acrescer a favor dos herdeiros legitimários?

Ou então, estas liberalidades são imputadas na quota disponível, o que nos parece mais razoável, e redutíveis se forem superiores à legitima fictícia.

[25] De acordo com o Parecer do Conselho Consultivo do Instituto dos Registos e do Notariado, de 15 de novembro de 2018, já citado, "*a razão de ser desta norma consiste em permitir que, por via de liberalidades entre os cônjuges – que, contudo, não são necessariamente recíprocas – possam ser mitigados os efeitos da renúncia antecipada à condição de herdeiro legitimário do outro cônjuge (...)*".

Por força do princípio da indivisibilidade da vocação sucessória, temos dúvidas que o renunciante possa vir a beneficiar de todo o tipo de liberalidades (deixas testamentárias à título de herança ou de legado; doações "*inter vivos*" ou por morte). As doações entre casados – apenas nos casos de celebração de casamento sob o regime imperativo da separação de bens é que tal faculdade é vedada aos cônjuges (art. 1762º do CC) – as doações para casamento e as doações antes do casamento, sem hesitação[26].

Sublinhe-se que, se os pactos sucessórios são por regra irrevogáveis, tal como referimos, mas aqueles que forem feitos por cada um dos esposados em favor do outro ou reciprocamente entre si, podem caducar (art. 1703º do CC). O artigo 1760º do Código Civil regula a caducidade das doações para casamento[27] e o nº 2 do artigo 1791º permite que o doador possa estipular, que o bem doado reverta automaticamente e com eficácia real para os filhos do casamento. As doações entre casados também beneficiam do mesmo regime de caducidade (art. 1766º do CC)[28].

1.2. A família como modelo da sucessão por morte

A família é o quadro normal da devolução sucessória.

Primeiro, porque a sucessão legal, legitimária ou legítima, é uma sucessão familiar: os bens são devolvidos aos familiares mais próximos segundo uma certa ordem.

[26] Cfr. Costa, Eva Dias, "A posição sucessória do cônjuge sobrevivo no Direito Português: a propósito da Lei 48/2018, de 14 de Agosto", Direito em Dia, Março 2019, https://www.direitoemdia.pt/magazine/show/55#_ftnref4

[27] Este artigo, no seu nº 1, al. b) prevê a caducidade da doação se *"ocorrer divórcio ou separação judicial de pessoas e bens por culpa do donatário, se este for considerado único ou principal culpado"* (sublinhado nosso), mas deve ser interpretado à luz da Lei nº 61/2008, de 31 de Outubro, que eliminou a culpa no divórcio e na separação judicial de pessoas e bens.
Veja-se a propósito da aplicação desta al. b) do nº 1 do art. 1760º do CC um acórdão do STJ de 03-03-2016, proc. 1808/13.2TBMTS-A.P1.S1, relator Pires da Rosa, onde se pode ler: "*VI – Em consequência, a uma doação feita em vista do casamento – consumado em 02-09-2006 (antes, portanto, da Lei nº 61/2008), mas dissolvido por divórcio em 13-12-2012 (já depois dessa mesma lei) – é aplicável o regime decorrente da lei nova já que o que a lei quer agora é que o cônjuge não beneficie de um casamento que afinal se gorou. VII – Independentemente de não ter sido alterada a redação da parte final dos arts. 1760º, nº 1, al. b), e 1766º, nº 1, al. c), do CC, o certo é que, sendo a doação um benefício, não pode deixar de se lhe aplicar o que a nova lei – a nova luz – impôs no art. 1791º do CC, assistindo, portanto, aos autores da doação o direito de pedir o reconhecimento da caducidade desta*". (in www.dgsi.pt)

[28] *Porém, "este regime não abrange (...) as doações feitas por um cônjuge ao outro, depois de separados de pessoas e bens, uma vez que, com essa separação, cessam as causas que possam existir de suspeição das doações", (Ac. STJ de 19-09-2017, Proc. 2201/15.8T8CTB.C1.S1, Rel. Pinto de Almeida, in* www.dgsi.pt). Aliás, uma doação entre casados implica o estado de casado e quando a doação ocorreu, no caso em análise, doador e donatário estavam separados de pessoas e bens; houve uma alteração do estado deixando de se tratar de uma doação entre casados.

Depois, porque a sucessão legal é a mais importante na prática. Uma parte importante dos bens, que pode chegar a dois terços, pertence, "legitimamente" a certos parentes mais próximos: cônjuges ascendentes e descendentes. O autor da sucessão não pode dispor destes bens, a título gratuito, entre vivos ou por morte, em prejuízo destes herdeiros "necessários".

Além disso, a sucessão testamentária é na prática de reduzido relevo, mesmo no âmbito, ele mesmo estreito, em que a lei a permite. A generalidade das pessoas limita-se a aceitar as regras de funcionamento da sucessão legal.

O fenómeno sucessório nos quadros da família é, portanto, bem aceite hoje pela sociedade portuguesa. Caberá, contudo, perguntar se não se nota hoje uma evolução social que poderá levar a curto prazo a alterar tais normas jurídicas.

Com efeito, a justificação mais correta para a devolução sucessória "familiar" parece ser a seguinte: certos parentes próximos (sobretudo os filhos) que, durante toda a vida do autor da sucessão usufruíram do património deste, em termos de o património ser mais familiar do que pessoal, têm uma expectativa legítima a que esta fruição não se extinga por morte do titular jurídico dos bens, sendo-lhes estes devolvidos. Esta expectativa tem parecido digna de tutela social, tendo vindo a ser sucessivamente consagrada em todas as legislações, tanto em Portugal como nos países mais próximos, em termos de sucessão necessária de certos parentes próximos. Por outro lado, é sem dúvida, esta devolução a parentes mais próximos a que corresponderá melhor à vontade do autor da sucessão.

Os bens da família são assim instrumentos da solidariedade dos membros daquela; e fusão de gerações sucessivas que os adquiriram e transmitiram. Também representam um papel importante na entreajuda das gerações.

Com a devolução sumária nestes termos, evitam-se descontinuidades na administração dos bens, por estes passarem para a titularidade das pessoas a eles mais ligadas.

Contudo, hoje, este estado de coisas tem vindo a alterar-se. Por um lado, os filhos mantêm contactos mais reduzidos com os pais, em termos de a fruição que têm dos bens dos pais (familiares) ser uma fruição menos intensa. Por outro lado, o próprio espaçamento das relações entre pais e filhos, o afrouxamento dos vínculos familiares, e as crises em tais relações que daqui derivam, levam a perguntar se, ainda hoje, há um real fundamento para a sucessão necessária. Será que ainda é socialmente legítima, digna de proteção, a expectativa de filhos que há muito não contactam com os pais, ou que só contactam de quando em vez?; que com eles têm reduzida comunhão espiritual, e muitas vezes nem sequer assistência material, lhes prestam ou recebem? Quando os filhos viviam longo tempo com os pais, muitas vezes em economia comum, ou pelo menos mantendo estreitas relações, privá-los do património dos pais parecia uma violência. Sobretudo porque os filhos contavam com esse património para a sua subsistência. Hoje, em que, na maioria das vezes, escassos laços económicos há entre pais e filhos maiores, e em que os filhos não contam normalmente com o património dos pais para a sua subsistência, por viverem do seu trabalho, e por a expectativa sucessória ser em idade já avançada dos filhos, as necessidades a tutelar por parte dos filhos e outros parentes próximos são seguramente mais fracas.

A filiação, hoje, pode e deve valer educação, no duplo sentido moral e material do termo. Mas é muito duvidoso que ainda deva valer herança.

Propendo, assim, no sentido da plena liberdade de testar do titular dos bens. De modo a que este possa considerar livremente o peso das relações que tem com cada um dos membros da sua família. Liberdade que só deve ser temperada por situações de extrema necessidade dos parentes próximos.

1.3. Regimes de bens dos cônjuges e sucessão

Os regimes de bens regulam as relações patrimoniais entre os cônjuges. O Direito sucessório devolve os bens à família do defunto.

Há assim uma estreita conexão entre o Direito dos regimes de bens e o Direito sucessório. Por falecimento de um cônjuge há que partilhar os bens entre os cônjuges e só o que é atribuído ao falecido é objeto de devolução sucessória.

1.4. O papel da Mulher

Tem-se também assinalado ao papel cada vez mais importante da mulher no regime de bens e na devolução sucessória.

Equiparada ao marido na administração de bens; herdeira legitimária no caso de falecimento do cônjuge.

2. Fontes do Direito das Sucessões

2.1. Fontes de Direito Civil

O Código Civil é a principal fonte do Direito das Sucessões. O seu livro V, que vai do artigo 2024º ao artigo 2334º, ocupa-se precisamente desta matéria.

O Código Civil constitui a base fundamental, se não exclusiva, das lições que se seguem.

2.2. Fontes "não civis"

A importância das fontes não civis do Direito das Sucessões tem vindo a aumentar no decurso dos últimos anos.

Numerosas normas do Código do Processo Civil são do maior interesse instrumental para o Direito das Sucessões.

O imposto de selo, vem incidir sobre o valor das transmissões "*mortis causa*". O que deve ser levado em conta, não só para a consistência económica do direito do sucessor, como também para analisar os circuitos sucessórios que podem revestir formas diferentes, ou até destinatários diversos, daqueles que existiriam se não fosse o imposto.

No Direito da Segurança Social, numerosas normas, preveem atribuições patrimoniais relacionadas com o falecimento de um contribuinte.

Bibliografia:

Guilherme Braga da Cruz, "Os pactos sucessórios na história do Direito Português", *R.F.D.S.P.*, Lx, 1965; José de Oliveira Ascensão, *ob. cit.*, págs. 105 a 112; Michel Grimaldi, Droit Civil, Successions, 4ª ed., Paris, Litec, 1996; François Terré, Doctrine sociale et droit de la famille, in Actualité de la doctrine sociale de l'Église, Actes du II é colloque national de la confédération des juristes catholiques de France, 1980, Téqui, Paris.

Lição IV

A Morte como Pressuposto da Sucessão

Introdução

A morte constitui o pressuposto da sucessão, como facto jurídico que, estando no início do processo sucessório, ainda lhe é anterior. Pois o primeiro momento do processo sucessório é a abertura da sucessão subsequente à morte – mas que se refere ao momento da morte que nesta medida é atraída para o fenómeno sucessório.

A presente lição ocupar-se-á da noção de morte como facto natural e como facto jurídico, da sua prova e dos problemas levantados pela comoriência, ou seja, pelo facto de duas pessoas, uma presumível herdeira da outra, morrerem "no mesmo momento".

1. A morte

1.1. Noção de morte: como facto natural; como facto jurídico

A sucessão "*mortis causa*" é determinada pela morte do titular das relações jurídicas a serem "transmitidas".

A morte é, assim, a causa do fenómeno sucessório; como causa, é-lhe estranha, por anterior a este, que só se inicia depois (no instante imediato) dela. Mas inicia-se com referência temporal ao momento da morte que, nesta medida, de pressuposto se transforma em momento do fenómeno sucessório.

A morte "jurídica", é, antes de mais, e sempre, um facto natural: é a morte biológica[29]. Equiparada a esta, para efeitos sucessórios, temos a morte declarada (art. 68º, nº 3 do CC), em que se tem por falecida a pessoa cujo cadáver não foi encontrado ou reconhecido, quando o desaparecimento se tiver dado em circunstancias que não permitam duvidar da morte dela. A morte presumida (arts.

[29] Vd. arts. 2º e 3º da Lei nº 14/99, de 28 de Agosto, onde está previsto que a morte corresponde à cessação irreversível das funções do tronco cerebral e a verificação da morte é da competência dos médicos.

114º e ss. do CC) já não é causa do fenómeno sucessório, por se tratar apenas de um indício da morte de alguém, que advém de uma ausência prolongada e sem notícias. A ausência (arts. 89º e ss. do CC) traduz uma situação de ignorância geral do paradeiro da pessoa, e consequente impossibilidade de contacto com ela[30]. Gera-se uma situação semelhante à da incapacidade para o exercício dos direitos ou cumprimento das obrigações até que seja declarada a morte presumida[31], que não evidencia o óbito mas que tem os efeitos da morte declarada.

A morte, como facto jurídico determinante do fenómeno sucessório, é um facto jurídico involuntário, constitutivo, modificativo ou extintivo.

Involuntário, por a vontade humana, mesmo que tenha intervindo, ser irrelevante para a morte como facto jurídico determinante do fenómeno sucessório (embora a circunstância de a morte do autor da sucessão ter sido causada por vontade ou facto de terceiro poder influir em alguns aspetos do fenómeno sucessório: incapacidade sucessória do autor do ato perante o "*de cuius*"; ordem especial de sucessíveis para a indemnização do dano da morte; etc.).

É um facto constitutivo, por a morte poder constituir relações jurídicas novas: indemnização pelo dano da morte; direito de exigir o pagamento do capital segurado contratado pelo "*de cuius*" a favor de outrem[32]; etc..

Facto modificativo, por a morte modificar subjetivamente as relações jurídicas do falecido suscetíveis de se transmitirem por morte, fazendo com que outrem assuma a sua titularidade.

Facto extintivo, por a morte extinguir, para a generalidade dos efeitos, a personalidade jurídica do finado, bem como as relações jurídicas que não devam sobreviver à pessoa do falecido (as responsabilidades parentais, o direito de usufruto, etc.).

Como mais tarde se referirá, mais desenvolvidamente, que, com a morte, a personalidade jurídica, embora "devesse" extinguir-se completamente (a personalidade jurídica deve corresponder temporalmente à existência biológica conceção/morte) é necessário, para certos efeitos (indemnização do dano da morte,

[30] Castro Mendes, *Direito Civil, Teoria Geral*, AADFDL, 1978, vol. I, pp 437 ss..

[31] De acordo com uma decisão do TRL, de 20-09-2018, Proc. 207/18.4T8AMD.L1-2, Rel. Vaz Gomes (in www.dgsi.pt):
"*qualquer dos interessados que tenha sobre os bens do ausente direitos que dependam da condição da sua morte pode pedir a declaração de morte presumida. Portanto, neste sentido, não cremos que esta disposição deva andar a par daquela que estabelece a classe de sucessíveis do art.ºs 2133 do CCiv*".

[32] Há, com o seguro de vida, uma atribuição patrimonial feita pelo segurador ao beneficiário – terceiro na relação tomador do seguro/segurador – com a morte do tomador, sem que exista uma aquisição sucessória. Vd., por exemplo, Rita Lobo Xavier, "Beneficiários nos seguros de vida e Direito Sucessório", *Revista de Direito e de Estudos Sociais*, LIV, Janeiro-Setembro de 2013, e mais recentemente, *Planeamento Sucessório e Transmissão do Património à Margem do Direito das Sucessões*, Universidade Católica Portuguesa – Porto, junho de 2016.

defesa dos direitos de personalidade *"ante"* e *"post-morte"*, etc.) entender que a personalidade jurídica se mantém depois da morte na medida necessária para servir de suporte a esses interesses.

1.2. A morte como determinante da abertura da sucessão. Sucessão das pessoas coletivas

O primeiro momento do fenómeno sucessório é a abertura da sucessão. As relações jurídicas transmissíveis *"mortis causa"*, de que alguém era titular, desprendem-se da pessoa do *"de cuius"*, com a morte deste; e inicia-se o processo da sua transmissão para outrem. A morte, determinando a abertura da sucessão, primeiro momento do processo sucessório, é anterior a este, é seu pressuposto.

1.2.1. *Sucessão das pessoas coletivas*

As pessoas coletivas (associações, fundações, sociedades, etc.) se não morrem, extinguem-se. Há, portanto, que dar um destino ao seu património. Surgem aqui problemas jurídicos a resolver em termos análogos aos da sucessão *"mortis causa"* das pessoas singulares.

Se os estatutos de uma associação forem omissos quanto ao destino dos seus bens após a extinção, podem os associados, dentro dos limites do objeto da associação, fixar o seu destino.

No artigo 166º do Código Civil vem enunciado o princípio geral quanto ao destino dos bens das pessoas coletivas no caso de estas se extinguirem e não ter havido deliberação quanto ao destino dos seus bens.

Assim, se existem no património da associação ou fundação bens que lhe tenham sido deixados ou doados com certos fins, tais bens devem ser entregues com o mesmo encargo ou afetação a outra pessoa coletiva, que prossiga fins idênticos.

Se não se verificam os pressupostos do encargo ou da finalidade os bens serão atribuídos a outra pessoa coletiva ou ao Estado, devendo, tanto quanto possível, assegurar-se que esses bens continuam afetados aos fins da pessoa extinta.

2. Prova da morte

Aquele que quiser suceder a outrem, deve provar a morte deste.

A morte prova-se, em princípio, por uma certidão do registo de óbito (arts. 192º e ss. Código do Registo Civil).

Se o cadáver não for encontrado, mas se verificarem circunstâncias que assegurem o falecimento da pessoa, esta considera-se falecida (art. 68º, nº 3, do CC), devendo o Ministério Público promover, através da Conservatória do Registo Civil competente, a justificação judicial do óbito (Código do Registo Civil, arts. 233º e ss.), de cujo assento se extrairá a necessária certidão de óbito.

Pode suceder, porém que não seja possível provar, nos termos indicados, a morte por o presumido falecido estar ausente; ou que não seja possível provar o momento da morte.

2.1. Morte presumida

A morte pode presumir-se com base numa ausência revestida de certas características.

Quando alguém se ausenta sem dar notícias, o primeiro interesse a acautelar é o patrimonial do próprio ausente (e indiretamente dos seus herdeiros presumidos e credores) na administração dos seus bens. Com este fim, instituir-se-á uma curadoria provisória (arts. 89º e ss. do CC e arts. 1021º e ss. do Código de Processo Civil), requerida pelo Ministério Público ou qualquer interessado.

O curador provisório praticará só atos de administração ordinária (art. 94º do CC).

Decorridos dois anos sobre as últimas notícias, ou cinco se o ausente tiver deixado representante legal ou procurador, pode ser requerida, pelo Ministério Público ou por qualquer dos interessados referidos no artigo 100º do Código Civil, a curadoria definitiva (arts. 99º a 113º do CC e 881º e ss. do Código de Processo Civil).

Os bens são entregues aos que viriam a recebê-los no caso de morte do ausente, ficando a administrá-los em termos semelhantes aos do curador provisório.

Os bens são partilhados, e os legatários, bem como todos aqueles que, por morte do ausente, teriam direito a bens determinados, podem requerer que estes lhes sejam entregues independentemente de partilha (art. 102º do CC).

Decorridos dez anos sobre a data das últimas notícias, ou cinco anos se o ausente entretanto tiver completado oitenta anos de idade, as pessoas mencionadas no artigo 100º do Código Civil podem requerer a declaração de morte presumida (art. 114º do CC). Esta declaração produz os mesmos efeitos jurídicos da morte: abre a sucessão e permite ao outro cônjuge contrair novo matrimónio (art. 116º do CC).

Note-se, porém, que, no caso de o ausente regressar ou haver notícias dele, o chamamento dos sucessores se resolve; embora só "*ex nunc*", sendo devolvido ao (ex) ausente apenas o património no estado em que se encontrar, com o preço dos bens alienados ou com os bens diretamente sub-rogados, e, bem assim, com os bens adquiridos mediante o preço dos alienados, quando no título de aquisição se declarar expressamente a proveniência do dinheiro (art. 119º do CC).

2.2. Comoriência

A prova do momento da morte interessa para determinar a ordem dos sucessores. Com efeito, para que alguém seja chamado a sucessão, é preciso que exista no momento da morte do "*de cuius*", que o seu falecimento seja posterior ao deste. Se isto não suceder, serão chamadas outras pessoas, que ocupem na ordem da sucessão o lugar imediato ao dele para sucederem em vez dele.

Portanto, haverá que provar a morte do "*de cuius*", para que se abra a sucessão; e o momento da morte, para se determinar a ordem dos sucessores.

Normalmente, não só é possível fixar o momento da morte, como é fácil provar que este momento é anterior ao do falecimento dos seus sucessíveis: que estes existiam ainda neste momento.

Acontecerá, porém, tal prova da ordem dos falecimentos ser difícil; o autor da sucessão e o sucessível morreram, no mesmo desastre: o pai e o filho seguiam no mesmo avião que explodiu no ar, não tendo sido possível determinar o momento preciso das mortes; terá morrido antes o pai ou o filho? A resposta a esta pergunta é decisiva para efeitos de Direitos sucessórios. Se o pai morreu primeiro, o filho é chamado a suceder e, depois de sua morte (mesmo que esta se tenha verificado segundos depois) são chamados a suceder-lhe os seus herdeiros (por exemplo, os seus filhos). Agora, se o filho morreu antes do pai, já não será chamado a suceder a este.

Quando duas pessoas morrem ao "mesmo tempo", e interessa provar a ordem dos falecimentos, a norma geral é a de que a prova do momento da morte se faça por qualquer meio, sendo utilizado mesmo presunções de facto (um dos falecidos era muito mais resistente fisicamente do que o outro) para formar a convicção do juiz.

Se não se fizer prova, então a lei presume a morte simultânea (art. 68º, nº 2, do CC). Presumindo-se que o autor da herança e os seus herdeiros ou legatários faleceram ao mesmo tempo, daqui deriva a consequência de que, entre eles, não haverá transmissão de herança ou legado; pois, a sucessão implica a pré-morte do autor da sucessão.

Assim, no caso de morte simultânea do pai e do filho, a herança do pai será deferida aos seus herdeiros (com a exclusão do filho morto simultaneamente) e a do filho também aos seus herdeiros, com exclusão do pai.

Ou seja: a solução legal leva à mesma consequência do que se presumisse a pré-morte do sucessor em relação ao "*de cuius*".

Bibliografia:

Pereira Coelho, *Direito das Sucessões, ob. cit.*, págs. 3 a 24.

Lição V

O Processo Sucessório

Introdução

Passamos a expor as fases do processo sucessório, ou seja, o conjunto de atos, e a sua sequência, necessários para que alguém subingresse na titularidade de relações jurídicas que pertenciam a outrem, falecido.

Referiremos a abertura da sucessão, a vocação sucessória, a devolução sucessória, a herança jacente e a sua administração, a aquisição da herança, e a sua partilha.

1. Descrição das diversas fases do processo sucessório

O processo sucessório – conjunto de atos e de factos necessários para que alguém adquira as posições jurídicas que pertenciam a outrem, falecido – compreende um certo número de momentos: abertura da sucessão; vocação sucessória; devolução sucessória; herança jacente e sua administração; aquisição da herança; partilha da herança.

Para além destes momentos, que são necessários (embora a partilha da herança só seja necessária se houver mais de um herdeiro) há outros meramente eventuais: a petição da herança e a alienação da herança.

Vamos descrever sumariamente os momentos necessários, indicando, dentro de cada um deles, os principais problemas que se levantam e os institutos criados para os regulamentar.

Note-se que tais momentos, que parecem bem distintos, na prática decorrem indistintamente, como que amalgamados. Na hipótese mais corrente, que é a dos filhos sucederem aos pais, a transição na titularidade dos bens é quase insensível: os filhos passam a administrar os bens da herança (amalgamando a abertura da sucessão, a vocação, a administração da herança e a devolução sucessória) partilhando-os seguidamente.

Mas é precisamente esta tranquila normalidade que o Direito das Sucessões pretende.

A anormalidade de relações jurídicas ficarem sem um dos sujeitos, deve ser reparada o mais breve e suavemente possível, através do aparecimento imediato dos sucessores.

2. Análise dos momentos necessários do processo sucessório

A abertura da sucessão, imediatamente seguinte à morte do "*de cuius*", é o primeiro momento do processo sucessório.

As relações jurídicas desligam-se da pessoa do "*de cuius*", dispondo-se a serem adquiridas por outrem.

2.1. Vocação sucessória

Seguidamente, surge a vocação sucessória. Da lista dos sucessíveis designados para suceder potencialmente ao "*de cuius*", são chamados aqueles que se encontrem em melhor posição.

O conteúdo de vocação sucessória é o direito de aceitar (ou repudiar) a herança.

Para que alguém seja chamado a suceder a outrem, é necessário que se verifiquem alguns pressupostos: prevalência da designação sucessória e capacidade sucessória.

A existência do chamado é um pressuposto "prévio": a prevalência da designação sucessória e a capacidade só são avaliadas em relação a pessoa existente.

É, precisamente, quanto à existência do chamado que se encontram os maiores debates.

É discutido o problema de saber se a vocação dos concepturos e dos nascituros é um chamamento de pessoas existentes ou não existentes; e, uma vez resolvido este problema, como construir essa vocação.

Instituto de grande interesse teórico e prático no âmbito da vocação, é o direito de representação: a lei chama os descendentes de um herdeiro ou legatário a ocupar a posição daquele que não pôde ou não quis aceitar a herança ou o legado.

Instituto que há que distinguir da transmissão do direito de aceitar ou de repudiar a herança ou o legado, que se verifica quando o chamado faleceu sem ter exercido o seu direito de aceitar ou repudiar a herança ou o legado.

Também no âmbito da vocação, assume muita importância prática o direito de acrescer que, em regra geral, se pode definir como o direito que assiste a cada um dos herdeiros, instituído com outros na totalidade ou numa quota dos bens, de ver acrescentada à sua parte a dos outros herdeiros que não tinham querido ou podido aceitar.

2.2. Devolução sucessória

A fase seguinte é a da devolução sucessória: vão entregar-se aos sucessores certos direitos do "*de cuius*".

A questão a resolver é a de saber que direitos vão ser transmitidos. Em princípio, só os direitos de carácter patrimonial que não devam extinguir-se por morte do seu titular.

O principal problema nesta matéria é o do momento do nascimento do direito de indemnização pelo dano da morte e da sua titularidade. Se entendermos que o direito à indemnização surge, depois da morte do lesado, na esfera jurídica de certos parentes próximos, então o instituto é de Direito das Obrigações. Agora, se decidirmos que nasce, antes ou depois da morte do lesado, na esfera jurídica deste, transmitindo-se sucessoriamente para certos parentes próximos, então trata-se de matéria de Direito das Sucessões.

2.3. Herança jacente

Diz-se jacente a herança aberta, mas ainda não aceite ou declarada vaga para o Estado. Herança que é preciso administrar na falta de um titular que o faça.

A herança é, seguidamente, aceite ou repudiada pelo chamado. Aceitação expressa ou tácita, pura e simples ou em benefício de inventário.

Se há só um herdeiro, e a herança não tem encargos que a onerem, o processo sucessório completa-se com a aceitação.

Se há encargos, estes têm que ser liquidados (dívidas do "*de cuius*", despesas com o funeral e sufrágios, encargos com a testamentaria, administração e liquidação do património, e legados).

2.4. Partilha da herança

Se há mais do que um herdeiro, procede-se à partilha da herança. Em matéria de partilha, assume particular relevo o instituto da colação.

A colação é a restituição que, para igualação da partilha, os descendentes que queiram entrar na sucessão do ascendente devem fazer à massa da herança, dos bens ou valores que lhes tenham sido doados pelo ascendente.

Nesta matéria, merece especial atenção o problema da sujeição à colação das doações feitas por um cônjuge ao outro.

Terminam aqui as fases do processo sucessório. Aplicáveis a qualquer tipo de sucessão.

Haverá também que levar em conta as normas especiais para os diversos tipos de sucessão.

Assim, na sucessão legítima e legitimária deverá atentar-se na ordem dos sucessíveis e nos princípios que a regem.

A situação sucessória do cônjuge sobrevivo tem sido controvertida. Pode afirmar-se que põe em causa a lógica do estatuto patrimonial da família (regime de bens/sucessão *"mortis causa"*), permite os casamentos por interesse ("sucessório"), prejudica pouco aceitavelmente os filhos; e pode acrescer a carga fiscal sobre a família.

2.5. Cálculo da legítima

O cálculo da legítima, operação chave na sucessão legitimária, passa por cinco operações: avaliação dos bens deixados; dedução das dívidas da herança; restituição fictícia dos bens doados e das despesas sujeitas a colação; cálculo da legítima geral e da legítima individual; imputação das liberalidades feitas por conta da legítima.

Para proteger a legítima, o princípio da intangibilidade da legítima proíbe o testador de lhe impor encargos ou designar os bens que a devem preencher contra a vontade do herdeiro. A cautela sociniana vem permitir que os herdeiros legitimários transformem o legado de usufruto ou pensão vitalícia, realizado pelo "*de cuius*", em deixa de quota disponível, desonerando a legítima desses encargos. Qualquer legado que lhe seja feito "por conta" (art. 2163º do CC) ou "em substituição" da legítima (art. 2165º do CC) necessita do acordo do herdeiro legitimário, que só terá lugar após o falecimento do "*de cuius*".

2.6. Testamento

O testamento é um negócio jurídico unilateral, não receptício, pessoal, individual, "*mortis causa*", formal e estranho ao comércio jurídico pelo qual o testador dispõe dos seus bens (embora possa aí planear outras declarações de vontade).

A interpretação do testamento obedece a normas especiais, bem como em matéria de capacidade há especialidades de relevo.

Os legados, a substituição testamentária e a fideicomissária, e a invalidade revogação e caducidade do testamento e das disposições testamentárias também merecem algum relevo.

Lição VI

Abertura da Sucessão. Designação Sucessória. Vocação Sucessória

Introdução

Se o processo sucessório se abre com a morte, o seu primeiro momento é o da abertura da sucessão. A abertura da sucessão é o facto imediatamente seguinte à sua causa, ou seja, à morte.

Tratarei seguidamente do momento e do lugar da abertura da sucessão.

Seguir-se-á uma referência a dois momentos estreitamente ligados, a vocação e a designação sucessória. Sendo a designação sucessória, a indicação, antes da morte do "*de cuius*" do quadro dos sucessíveis; e a vocação sucessória a concretização da designação no chamamento de um ou mais dos sucessíveis já designados.

1. Abertura da sucessão

1.1. Conceito de abertura da sucessão

O primeiro momento do processo sucessório é a abertura da sucessão (art. 2031º do CC). As posições jurídicas de que o "*de cuius*" era titular (direitos e obrigações) vêem-se sem sujeito, dada a extinção da personalidade jurídica do seu titular. Umas extinguem-se. As outras, as que são transmissíveis por morte, dispõem-se a ser adquiridas por outrem. Este outrem era um dos designados sucessórios, que vai, agora, ser chamado a suceder.

1.2. Momento e lugar da abertura da sucessão

1.2.1. *Momento da abertura da sucessão. Seu significado*

O artigo 2031º do Código Civil diz que a sucessão se abre no momento da morte do seu autor, ou seja, no primeiro momento de ausência de vida.

Não é só a natureza que tem horror ao vácuo: também o direito pretende evitar os direitos vazios de sujeito.

Em Direito das Sucessões pretende-se evitar que os direitos, que ficaram sem sujeito pelo falecimento do seu titular, se mantenham nesta situação.

Referi que, na grande generalidade das situações da vida real, a transição de sujeitos se opera rápida e quase insensivelmente.

O direito acentua esta rápida transição, fazendo retroagir os diversos momentos do processo sucessório à abertura da sucessão. Assim, tudo se passa como se no momento da abertura da sucessão, que é o primeiro momento em que os direitos ficam sem sujeito, aparecesse logo o novo titular desse direito; como se o sucessor, nesse momento, tivesse sido chamado e tivesse aceitado simultaneamente.

É no momento da abertura da sucessão que a designação sucessória se fixa na vocação: o chamado a suceder é o titular da designação sucessória prevalecente no momento da abertura da sucessão.

A vocação é feita, em regra, no momento da abertura da sucessão e, mesmo quando é subsequente retroage àquele momento (art. 2032º do CC).

Os efeitos da aceitação retroagem ao momento da abertura da sucessão (artigo 2050º, nº 2, do CC).

Para o cálculo da legítima, os bens são os existentes no património do "*de cuius*" na data da sua morte; e o respetivo valor é o que eles têm neste momento (art. 2162º, nº 1, do CC). Também o valor dos bens doados, tanto para efeito de cálculo da legítima, como para efeitos de colação, é o valor que eles tenham na data da abertura da sucessão (art. 2019º, nº 1, do CC).

Finalmente, é de referir que a proibição dos pactos sucessórios consiste na proibição de negociar uma sucessão não aberta. A partir da abertura da sucessão, os sucessores podem negociar as suas partes.

1.2.2. *Lugar da abertura da sucessão*

O artigo 2031º determina que a sucessão se abra no lugar do último domicílio do seu autor.

O domicílio é fixado pelo artigo 82º do Código Civil.

A determinação do lugar da abertura da sucessão tem importância para múltiplos efeitos. Assim, o cartório notarial e o tribunal do lugar da abertura da sucessão são os competentes para o inventário e para a habilitação de uma pessoa como sucessora de outra (art. 3º do Regime Jurídico do Processo de Inventário[33]); é no local da abertura da sucessão que deve ser cumprido o legado em dinheiro ou coisa genérica que não exista na herança (art. 2270º do CC); etc..

[33] Lei nº 23/2013, de 5 de Março.

2. Vocação e designação sucessórias

2.1. Designação sucessória

Designação sucessória é a indicação, antes da morte do "*de cuius*", de um sucessível, pela lei ou por um facto jurídico de acordo com ela.

Os sucessíveis constam de um quadro, ordenado hierarquicamente segundo certos princípios.

É deste quadro que vão ser chamados, segundo a ordem nele estabelecida, os sucessores do "*de cuius*". Ou seja, a designação converte-se, verificados certos pressupostos, em vocação. O sucessível que for chamado e que aceitar a herança ou o legado "converte-se" em sucessor.

Converte-se em vocação a designação sucessória prevalecente no momento da morte do "*de cuius*".

Quais são os critérios desta prevalência? Da hierarquia estabelecida no quadro das designações sucessórias?

Em primeiro estão os herdeiros legitimários (cônjuge sobrevivo, descendentes e ascendentes); no quadro dos herdeiros legitimários, sucedem primeiro os descendentes e o cônjuge, depois este com os antecedentes, e depois o cônjuge. E, dentro de cada um (classe), os de grau mais próximo. Em segundo lugar estão os herdeiros ou (legatários) contratuais. A designação contratual prevalece sobre a designação testamentária anterior (arts. 2311º e 2313º do CC) ou posterior (art. 1701º, nº 1, do CC), por ser em princípio irrevogável. A designação contratual não pode ofender a quota dos herdeiros legitimários, sob pena das doações "*mortis causa*" serem reduzidas

Vêm, seguidamente, os herdeiros e legatários testamentários, prevalecendo estes últimos sobre os primeiros, pois os herdeiros, como veremos, são responsáveis pelo cumprimento dos legados (art. 2068º do CC)

Finalmente, surgem os herdeiros legítimos, ordenados pelo artigo 2133º do Código Civil. Só se dá a abertura da sucessão legítima quando o "*de cuius*" não tiver disposto do seu património, por testamento ou pacto sucessório, em todo ou em parte, ou quando essas disposições não forem válidas ou eficazes (art. 2131º do CC).

A ordem dos sucessíveis é, até ao momento da morte do "*de cuius*", naturalmente instável. O testamento pode ser alterado; o herdeiro legitimário pode falecer; o cônjuge pode divorciar-se; etc.. A ordem dos sucessíveis é instável mas hierarquizada.

No topo da hierarquia encontramos a designação legitimária. Prevalece sobre as demais por ter caráter injuntivo; não pode ser afastada por vontade do autor da sucessão (art. 2027º do CC); o direito à legítima dos herdeiros legitimários (art. 2156º do CC) é tutelado para garantir uma proteção mínima da família nuclear e uma base patrimonial que salvaguarde a sua continuação e o seu desenvolvimento, etc..

Segue-se a designação contratual, também designada por pactos sucessórios, que se encontram inscritos em convenções antenupciais, como estipula o número 1 do artigo 1700º e o número 2 do artigo 2028º do Código Civil, e que prevalecem sobre a designação testamentária, por serem, em princípio irrevogáveis (arts. 1701º, 1705º, 1755º e 1758º, do CC), quer o sucessível seja designado herdeiro ou legatário.

Em terceiro lugar encontra-se a designação testamentária, reflexo do princípio da autonomia privada. Prevalece sobre a designação legítima que só tem lugar se o "*de cuius*" não tiver disposto válida e eficazmente, no todo ou em parte, dos bens de que podia dispor para depois da morte. Assim, sempre que o autor da sucessão tenha disposto dos seus bens por doação "*mortis causa*" ou em testamento, começarão por ser chamados os donatários e os herdeiros e legatários testamentários. Só depois se abre a sucessão legítima.

A sucessão legítima tem um carácter supletivo, podendo ser afastada mediante a elaboração de testamento pelo "*de cuius*", como resulta da conjugação dos artigos 2027º e 2131º do Código Civil.

A designação só se estabiliza no momento da morte do "*de cuius*", convertendo-se em vocação as designações prevalecentes nesse momento.

2.2. Vocação sucessória

A vocação sucessória é o chamamento à sucessão, no momento da morte do "*de cuius*", feita pela lei ou por força de negócio jurídico, do(s) titular(es) da designação sucessória prevalecente. No caso de vocação de herdeiro, este é chamado a suceder na totalidade das relações jurídicas do "*de cuius*", ou numa quota alíquota destas; o legatário é chamado a suceder em relações jurídicas certas e determinadas.

2.2.1. *Títulos da vocação sucessória*

Os títulos da vocação sucessória são a lei (sucessão legitimária e sucessão legítima), o testamento (sucessão testamentária) e o contrato (sucessão contratual) – artigo 2026º do Código Civil.

Podem ser chamadas diversas pessoas por títulos diversos – uma, por força da lei, outra, por efeito do testamento – e uma mesma pessoa pode ser chamada por diversos títulos.

Bibliografia:

Pereira Coelho, *ob. cit.*, p. 19 a 34; Oliveira Ascensão, *ob. cit.*, págs. 129 a 137.

Lição VII

Consistência da Designação Sucessória

Introdução

Cabe agora perguntar qual a consistência da designação sucessória: o designado para suceder terá, em vida do "*de cuius*", um direito sobre os bens, ou, pelo menos relativamente aos bens? Ou só uma expectativa tutelada juridicamente? Ou não mais do que uma mera expectativa de facto, uma possibilidade de vir a receber esses bens? A resposta depende do tipo de sucessão; será uma para a sucessão testamentária e para a sucessão legítima; outra, para a sucessão legitimária.

Da sucessão contratual já nos ocupámos oportunamente.

1. Sucessão testamentária e sucessão legítima

No âmbito das sucessões testamentárias e legítimas, os designados não têm qualquer direito ou expectativa jurídica. Terão só uma expectativa de facto, uma esperança de virem a receber os bens. Esperança totalmente dependente da vontade do titular desses bens, que poderá iludir as esperanças dos herdeiros legítimos, fazendo um testamento, ou lograr as esperanças dos herdeiros testamentários, revogando ou modificando o testamento já feito.

A posição dos presumidos herdeiros legítimos e testamentários é desprovida de tutela jurídica ou quase.

Dizemos quase, pois há alguns vestígios de relevo jurídico da posição destes sucessíveis.

Já vimos que, no caso de ausência, e sendo instituída a procuradoria definitiva, os bens são entregues aos presumidos herdeiros e legatários, quer legitimários quer testamentários. Em qualquer caso simples designados, que são chamados à administração dos bens enquanto tais.

Também o curador provisório dos bens do ausente pode ser escolhido de entre os designados para lhe suceder.

2. Sucessão legitimária

Quanto aos designados legitimários, a lei já concede alguma tutela jurídica à sua expectativa de virem a herdar a sua quota legitimária. Trata-se de um interesse protegido juridicamente, não em termos de um direito sobre os bens, ou em relação aos bens, mas de uma simples expectativa jurídica. Esta proteção revela-se preponderantemente, através do instituto da inoficiosidade das disposições feitas a título gratuito pelo "*de cuius*". Com efeito, os herdeiros legitimários têm a faculdade de revogar ou reduzir, depois da morte do "*de cuius*" as disposições gratuitas "*mortis causa*" ou entre vivos, que este tenha feito em prejuízo da sua legítima (arts. 2718º e ss. do CC).

Esta faculdade traduz uma importante limitação dos poderes de disposição dos seus bens por parte do respetivo titular. O direito atribuído ao donatário ou ao herdeiro e legatário testamentários está sempre sujeito a ser revogado ou limitado quanto ao seu objeto. Tudo dependerá de saber se, no momento da morte do "*de cuius*", o valor dos bens doados ou deixados afeta ou não a quota destinada aos herdeiros legitimários.

Para além desta tutela, outra existe, embora de muito menor relevo.

O artigo 242º, número 2, do Código Civil atribui aos herdeiros legitimários a faculdade de arguirem a nulidade dos negócios simulados celebrados pelo autor da sucessão, com o intuito de os prejudicar (ou, por extensão analógica, mantidos com esse intuito), podendo fazê-lo ainda em vida do "*de cuius*".

Note-se que a disposição legal em causa vem introduzir uma alteração importante quanto ao regime geral da simulação. Define um interesse em agir especial dos herdeiros legitimários. Interesse que não se funda numa lesão atual da posição do herdeiro legitimário; lesão que parece difícil de configurar, pois a lesão só é verificável no momento da morte do "*de cuius*", quando os bens deixados não chegarem para compor a legítima dos herdeiros legitimários. Bastará, nos termos da lei, a possibilidade de uma lesão futura, traduzida normalmente pelo facto de o negócio simulado comprometer a situação patrimonial do autor da sucessão, em termos de, naquele momento, a quota legitimária ser afetada[34]. Para que os herdeiros legitimários possam agir, será necessário provar-se, além disso, a consciência por parte do autor da sucessão, deste estado de coisas, e a vontade

[34] Para Carvalho Fernandes ("Simulação e Tutela de Terceiros", Separata dos Estudos em Memória do Prof. Doutor Paulo Cunha, Lisboa, 1988, pp. 37-40), o tratamento específico dado aos herdeiros legitimários pelo nº 2 do artigo 242º prende-se *"com a particular natureza dos direitos sucessórios que lhe são reconhecidos (...) a consistência prática do seu direito à legítima poderia ser posta em causa se não lhes fosse reconhecido o poder de, em vida do autor da sucessão, reagir contra actos simulados celebrados com a intenção de os prejudicar"*.

de com o negócio, prejudicar os herdeiros legitimários. O que não significa que esta intenção tenha sido o único motivo do negócio.

Este regime, implica uma, a nosso, ver intolerável intromissão na esfera patrimonial de alguém, em nome de um interesse estranho. Não se entende, e não se aceita, que uma mera expectativa sucessória possa trazer graves prejuízos ao "*de cuius*", quanto mais não seja através da arguição de simulações e de prejuízos imaginários por parte dos seus sucessíveis. Pode prejudicar gravemente a atividade patrimonial do proprietário dos bens e a consistência económica destes.

Afigura-se-nos intolerável que, antes da morte do "*de cuius*", os presumidos herdeiros legitimários possam intervir na administração que este faça dos seus bens.[35]

A consistência e a importância económica da expectativa jurídica dos herdeiros legitimários têm vindo a diminuir.

Por um lado, o desenvolvimento da riqueza mobiliária, de mais fácil dissipação ou ocultação, vem esbater o controlo dos sucessíveis sobre o património do autor da sucessão; ao mesmo tempo que este se sente mais à vontade para dispor livremente dos seus bens. A ligação dos familiares a esses bens, fundamento da sucessão legitimária, também é menor, embora subscrita perante alguns dos bens imóveis – casa de morada de família, quinta de recreio ou de exploração, etc..

A importância crescente dos rendimentos do trabalho nas economias individuais e familiares, bem como o acréscimo de oportunidades de atividade lucrativa no campo empresarial e das profissões liberais, tornam as pessoas menos dependentes do que possam receber por herança.

Tanto mais que, com o alongamento da longevidade média, a devolução dos bens por sucessão é cada vez mais tardia, e se realiza em períodos em que perde muito do significado que teria em idades mais baixas – quando o herdeiro se casa, se instala profissionalmente, tem filhos, etc.. O período mais longo da vida económica das famílias – e o mais difícil – é vivido sem o apoio de qualquer herança ou legado. E, frequentes vezes sem o apoio do património "familiar".

O afrouxamento da textura dos laços familiares, mesmo entre pais e filhos, contribui para este processo. A saída dos filhos desde cedo, da casa dos pais; a instalação de um domicílio normalmente afastado da casa dos progenitores, ou mesmo noutra localidade; o afastamento que daqui deriva, levam a uma maior

[35] Afirma Carlos Alberto da Mota Pinto ("Teoria Geral do Direito Civil", 4ª Edição, por António Pinto Monteiro e Paulo Mota Pinto, Coimbra Editora, 2005, p. 478) que *"É óbvio que, depois da morte do autor da sucessão* (sublinhado nosso), *os herdeiros legitimários, como quaisquer outros herdeiros, podem arguir a nulidade dos actos simulados praticados pelo de cujus. Apenas sucede que os herdeiros intervêm como sucessores do simulador e não como terceiros .... salvo quando se trate de herdeiros legitimários que têm em vista defender as suas legítimas".*

autonomia patrimonial de facto em relação aos familiares mais próximos e, portanto, ao diminuir da consistência das expectativas hereditárias.

É este circunstancialismo das relações patrimoniais entre os parentes mais próximos que permite perguntar, como o fizemos, se a própria figura de herdeiro legitimário (desconhecida, por exemplo, nos direitos de raiz anglo-saxónica), embora bem aceite pela sociedade portuguesa, não constitui um quadro demasiadamente rígido e em vias de ser ultrapassado. Se não haveria, por exemplo, que diminuir o montante da legítima, eliminar o instituto da colação, e alargar muito as possibilidades de deserdação. De modo a permitir que as relações patrimoniais no interior da família se adaptem flexivelmente à realidade. Deixando as normas legais na matéria, de constituir, quantas vezes, grilhões constrangedores, que não vêm assegurar as relações afetivas entre os parentes mais próximos; mas que, em múltiplas situações, nada mais fazem do que agravar situações de crise.

Bibliografia:

Pereira Coelho, *ob. cit.*, págs. 34 a 35.

Lição VIII

Pressupostos da Vocação

Introdução

Há que precisar os requisitos necessários para que o designado seja chamado. Requisitos que designo como pressupostos da vocação.

Os pressupostos são três: o chamado será o titular da designação sucessória prevalecente no momento da morte do "*de cuius*"; deve existir no momento da morte do autor da sucessão e ter capacidade sucessória em relação ao "*de cuius*".

Quanto ao requisito da existência, há que precisar o início e o termo da existência humana (suporte da personalidade jurídica). Neste quadro debater-se-á a natureza jurídica dos concepturos e dos nascituros: vocação de pessoas (já existentes)?

Quando a vocação é subsequente aos pressupostos indicados há que acrescentar outro, variável conforme o caso: repúdio, incapacidade, etc., do chamado originário.

1. Prevalência da designação sucessória

O pressuposto da prevalência da designação sucessória foi analisado anteriormente.

2. Existência e capacidade sucessória do chamado

2.1. Existência do chamado: o chamado já há-de existir no momento da vocação: o início da personalidade jurídica

A conceção tradicional sobre o começo da personalidade humana – pessoa é todo o ser (humano) nascido vivo e viável – está dominada pela conceção aristotélica da alma vegetativa ou nutritiva, faculdade de crescimento e de reprodução; da alma animal ou sensitiva, faculdade de sentir, de desejar e de se mover; e da alma razoável ou pensante, faculdade de humanidade – esta sendo adquirida no momento do nascimento.

Esta conceção sobre o começo da personalidade humana veio influenciar as legislações, que fazem depender a personalidade jurídica do nascimento (com vida – artigo 66º, nº 1 do CC), ou, mesmo, da viabilidade do nascido.

Contudo, tal conceção é pré-científica – ou, pelo menos, pré-ecográfica – fundando-se na ignorância da vida pré-natal (o ser que nascia era precedido de um mistério que fez recear os monstros e os lobisomens), em termos de o nascimento ser uma descoberta – um "dar à luz" das trevas do ventre[36]. Este ponto de vista é insustentável pela ciência contemporânea que sabe que a criança concebida é um ser humano (capaz de sensações, de sentimentos, de resposta a estímulos sensoriais externos, de reconhecimento da voz dos pais, etc.) e que o nascimento não é um começo, mas é um passo (como "passar de uma sala para outra", se quiséssemos parafrasear a imperatriz Maria Teresa de Áustria, a propósito da morte). É, pois, necessário "acabar" com o nascimento.

As "normas" contidas na maioria das legislações que vinculam o início da personalidade ao nascimento, estão, portanto, naturalmente *gastas* e *ultrapassadas*[37].

O discurso para se atingir o conhecimento do início da personalidade jurídica tem, pois, de ser diverso.

Todas as grandes normas de ordenação social assentam no facto de que cada ser humano, ao reconhecer em si uma vida humana com valor infinito – que é a sua essência – reconhece em todos os outros "humanos", a mesma dignidade, refletindo-se esse reconhecimento em si mesmo com o consequente reforço da sua própria dignidade humana.

O problema que se põe é, pois, o de saber quando o ser humano reconhece o início da sua vida, logo da sua personalidade humana. Hoje, é difícil negar que esse reconhecimento da vida se opera a partir da conceção.

Como ser histórico, o homem reconhece-se um início, com a conceção, momento a partir do qual ele é referido, e se refere, como alguém já existente: é "ele" que está (estava) no ventre de sua mãe.

Reconhece, consequentemente, o mesmo início da "história" de qualquer outro ser humano da sua personalidade humana (biológica).

A partir daqui, é só dar um passo para determinar o início da personalidade jurídica.

Hoje, com as modernas técnicas de conhecimento da vida intrauterina, é possível acompanhar a par e passo a vida do nascituro, conhecer os seus movimentos;

[36] *"...se a gravidez é um momento de intimidade de dois corpos num só...é também um momento de opacidade, de desconhecido entre esse(s) corpo(s) – corpo"*, escreve Teresa Joaquim, in "Dar à luz, ensaio sobre as práticas e crenças da gravidez, parto e pós-parto em Portugal", Lisboa, p. 61.

[37] Sobre este fenómeno vd. F. Terré, *La crise de la loi*, A. Ph. Droit, 1980, pp. 67 e ss.; G. Burdeau, *Le dépassement de la loi*, A. Ph. Droit, 1963, pp. 35 e ss..

as suas reações a estímulos sonoros; ver a sua cabeça mover-se no sentido da voz do pai. "Fotografar" ecograficamente o seu rosto e dizer com quem é parecido. E os psicólogos afirmam-nos que a fase da vida intrauterina é fundamental para o desenvolvimento psicológico do ser humano e descrevem-nos o inter-relacionamento do filho com a mãe. É possível ver o nascituro a defender-se, da morte que lhe vão dar e sentir o seu sofrimento como o de qualquer outro ser humano.

Pretender que o nascituro é algo de diferente de um ser humano, é recuar por uma época em que os conhecimentos de biologia eram inexistentes ou quase. Uma época pré-ecográfica, em que a gestação estava rodeada de um mistério de onde poderiam resultar lobisomens ou animais monstruosos.

Mas não haverá, antes do nascimento, fases de transformação, faturas, entre o não-ser humano e o ser humano?

Todos os momentos de transição apontados são arbitrários: a fase de desenvolvimento anterior não apresenta diferenças que permitam concluir que, antes, não há um ser humano e que um segundo, um minuto ou uma hora depois, já há.

Suponha-se que a transição para a humanidade só se dá com o nascimento pois só com este se entra na vida de relação; só com o nascimento o ser humano viverá autonomamente.

Contudo, um recém-nascido nada mais é que um nascituro que mudou de lugar e se adaptou a este, passando a respirar ar.

A vida de relação já existia no ventre da mãe, com mais intensidade do que nos primeiros dias de vida.

Quanto à autonomia, um recém-nascido com uma gestação de vinte e cinco semanas é menos autónomo do que um nascituro, no útero materno, com trinta e sete semanas.

Que razão, pois, para recusar a personalidade humana ao segundo, e afirmá-la quanto ao primeiro?

Suponhamos que se marca o início da humanidade no momento do nascimento com viabilidade.

Mas o certo é que a viabilidade depende muito do estado da ciência e da técnica. Mais: das condições técnicas que rodeiam o nascimento.

E, seguramente, a personalidade humana não pode depender da autonomia do ser. De outro modo, deixaria de haver pessoa humana quando alguém estivesse atingido por uma doença capaz de provocar a morte, a não ser mediante assistência médica. E não seriam pessoas humanas todos aqueles, muito jovens, muito idosos ou muito doentes, incapazes de angariar os meios necessários para a sua sobrevivência. Ora, é seguro que todos estes seres humanos o são, são pessoas. E que todos os cuidados e meios devem ser postos ao seu serviço.

Novamente interrogados sobre os seus fundamentos, os que consideram legítimo dar-se a morte a um nascituro, negam o "contínuo" entre a pessoa em sentido biológico, a pessoa humana e a pessoa jurídica. Para haver uma vida humana, não bastaria haver uma vida biologicamente "humana": seria necessário que interviessem considerações humanas, sociais e económicas que permitissem que se considerasse tal vida uma vida humana. Ou, em outra perspetiva, que não retirassem humanidade a essa vida.

Em verdade, faz-se intervir aqui uma ponderação de interesses. Se surgirem interesses superiores à desta vida, esta pode ser eliminada em nome destes interesses. Seriam estes, sobretudo: a vida, a saúde física ou psicológica da mãe; malformações do nascituro, fazendo surgir o interesse deste em não nascer ("não existir") e o interesse dos pais em não terem de o criar "para nada"; a insuficiência de meios económicos da sua família para o criar; etc.

Quando se desloca o problema para o plano dos interesses, o debate não pode continuar. Não há interesse ou valor superiores à vida humana.

Qualquer norma que se refira à personalidade jurídica não é constitutiva: não é mais do que o reconhecimento de um direito. "*A personalidade jurídica... é um direito inato, um facto originário... pertence a todo o indivíduo vivo. Advém-lhe com a vida. Fundado sobre a natureza, sobre a biologia, o direito civil responde aqui às exigências da vida: é a vida que reclama – que exige desde que existe e enquanto dura – ser reconhecida. Forte com a sua conformidade à natureza (ao direito natural) este princípio positivo governa a aquisição e a perda da personalidade jurídica*[38]".

Vamos dar também a palavra a Alfred Sauvy[39]: "*Desde a conceção que o ser humano está formado com o seu genótipo; os seus caracteres físicos, intelectuais, morais estão em gene nos cromossomas.... Separar* ***vida*** *e* ***biologia*** *representa uma perturbação do espírito: estando a supressão de uma vida humana carregada do seu velho Tabu, é mais tranquilizador contestar a própria vida.*"

Nesta matéria há que ter um discurso realista. Realista por se tratar, não de um problema de consciência, de uma noção, de uma palavra, mas de um ser, de uma vida. A vida e o ser humano não mudam conforme as épocas, as vontades e os interesses. O ser humano é a referência da nossa civilização.

Assente na biologia, na essência do homem que é a vida, o Direito reconhece o início da personalidade jurídica no começo da personalidade humana – na conceção.

2.2. Natureza jurídica da vocação dos nascituros

Surgindo a personalidade jurídica com a conceção, e coincidindo a capacidade sucessória, em princípio, com a personalidade jurídica, mesmo na falta de dispo-

[38] G. Cornu, *Droit civil, Introduction, les personnes, les biens*, Paris, Montchrestien, 2005, parágrafos 458 e 459.

[39] Coût et valeur de la vie humaine, Paris, 1977, p. 198.

sição legal expressa seria de entender que o nascituro (o ser humano já concebido, mas ainda não nascido) tem capacidade sucessória.

Mas a lei é clara neste sentido: têm capacidade sucessória (podendo adquirir por sucessão testamentária ou legal) todas as pessoas concebidas ao tempo da abertura da sucessão (art. 2033º, nº 1, do CC).

Não interessa (já referi que o artigo 66º, nº 2, do CC, é uma norma gasta) que o nascituro venha a nascer vivo. Só releva que fosse uma pessoa viva no momento da abertura da sucessão.

Ao ser chamado a suceder, o nascituro é-o como pessoa já existente, com todas as consequências jurídicas que daqui derivam. Assim, se falecer (antes ou depois do nascimento) os bens adquiridos transmitem-se para os seus herdeiros.

A prova da existência do nascituro pode fazer-se por todos os meios. Presumir-se-á concebido no momento da abertura da sucessão, o ser humano que nasça nos trezentos dias seguintes (art. 1798º do CC). Trata-se de uma presunção relativa.

Note-se que o artigo 1798º do Código Civil admite ação destinada a provar que o período de gestação do filho foi superior a trezentos dias (art. 1800º do CC). Sendo a ação julgada procedente, o tribunal fixará a data provável da conceção, que valerá também para efeitos sucessórios[40].

Repare-se que as técnicas de procriação medicamente assistida, "*post mortem*" (arts. 22º e 26º da Lei nº 32/2006, de 26 de Julho, com as alterações introduzidas pela Lei nº 17/2016, de 20 de Junho, e pela Lei nº 25/2016, de 22 de Agosto), geram algumas dificuldades quanto ao chamamento do nascituro[41].

A administração dos bens deixados aos nascituros é regulada pelo artigo 2240º, número 2, do Código Civil e o processo de inventário fica suspenso até ao nascimento do nascituro (art. 16º, nº 8, do Regime Jurídico do Processo de Inventário). Os direitos do nascituro sobre esses bens estão condicionados, de acordo com o artigo 66º do Código Civil, ao seu nascimento completo e com vida. Observe-se que os direitos não surgem com o nascimento, como já tivemos oportunidade de referir, eles já cabem ao nascituro mas os seus efeitos dependem de uma condição.

[40] Cf. PEREIRA COELHO, *ob. cit.*, pp. 190-191; R. CAPELO DE SOUSA, *ob. cit.*, p. 286.

[41] Dando-se a transferência "*post mortem*" do embrião que já existia – que foi "concebido" – à data da abertura da sucessão, o nascimento poderá ocorrer mais de 300 dias após a morte do progenitor falecido, mas já haverá nascituro para efeitos sucessórios. Sobre os problemas que se colocam a propósito do chamamento do nascituro concebido por fertilização "*in vitro*", vd. o estudo de Sandra MAGALHÃES, *Aspectos sucessórios da procriação medicamente assistida homóloga post mortem*, Coimbra Editora, 2010.

2.3. A jurisprudência: acórdão do STJ de 3 de Abril de 2014 (relator Álvaro Rodrigues)

O acórdão do Supremo Tribunal de Justiça de 3 de Abril de 2014 (nº 436/07.6TBVRL.P1.S1.), 2ª Secção, foi por nós anotado e publicado no livro de homenagem a Rui Machete[42].

Segue este acórdão um discurso jurídico do mais elevado valor. Pelo que nos sentimos no dever de o referir também aqui; seguindo um percurso assente em Autores também referidos por esse Acórdão e chegando a soluções coincidentes.

O nascituro é a pessoa (humana) já concebida mas ainda não nascida. Vamos ocupar-nos da sua personalidade humana/jurídica.

Desde a fase da conceção até à velhice, à morte, é sempre o mesmo individuo que se desenvolve, amadurece e morre.

As suas características tornam-no único e insubstituível[43].

A pessoa humana é uma realidade ontológica desde a conceção até à morte, marcada por um código genético único e permanente. O embrião é a expressão morfológica de uma única vida que começa na fecundação e continua até a morte. Difícil seria aceitar que o mesmo ser fosse pessoa ou não conforme acontecimentos externos (nascimento ... e porque não, doença ou incapacidade?).

O ser humano é anterior e superior ao Direito que se limita a servir os seus interesses e os da coletividade.

Não é o Direito que cria o ser Humano.

É este que vem conformar e dirigir o Direito através dos seus direitos da personalidade. A pessoa humana é criadora de Direito positivo.

Vista numa perspetiva ôntica/naturalística, a personalidade humana impõe-se ao Direito, cria Direito ao ser reconhecida por este – desde a conceção, início do "ser" humano[44].

"*Em termos constitucionais, a noção de pessoa humana identifica-se com o conceito de ser humano: todo o ser humano é pessoa. Assim, pessoa humana não é apenas o ser humano dotado de personalidade jurídica, segundo os termos tradicionalmente definidos pela legislação civil, antes compreende toda a individualidade biológica que é possuidora de um genoma humano, isto independentemente de ser juridicamente qualificada pelo direito positivo como*

[42] Diogo Leite de Campos, Mónica Martinez de Campos, "Anotação ao Acórdão do Supremo Tribunal de Justiça de 3 de Abril de 2014 (Nº 436/07.6TBVRL.P1.S1) 2ª Secção". In Paulo Otero, Clara Amado. Gomes, & Tiago Serrão (org.), *Estudos em Homenagem a Rui Machete*, Coimbra, Almedina 2015, pp. 239-261.

[43] Diogo Leite de Campos, "O início da pessoa humana e da pessoa jurídica", *ROA* 61, Dez. 2001 (também cit. no acórdão), p. 1257.

[44] Diogo Leite de Campos, *Lições de direitos da personalidade*, Coimbra, 1992, p. 43. Também publicado em "Nós", Estudos sobre o Direito das Pessoas, Almedina, 2004.

pessoa"[45]. E, "*se é o genoma que carateriza o corpo, logo que ocorre a singamia ou fusão dos núcleos há um corpo humano. Porque o embrião tem logo definitivamente um genoma diferente do da mãe*"[46]. Ou seja, é um ser com identidade própria, antes mesmo do nascimento, uma nova vida humana, diferenciada da vida e do corpo da mãe; da mesma forma que o é após o nascimento.

Entende Melo Alexandrino que o ser humano é toda a pessoa humana viva e concreta[47]. O que naturalmente não poderá deixar de englobar o nascituro, na medida em que a C.R.P. tutela os direitos de personalidade, impondo o respeito e o desenvolvimento da dignidade da pessoa humana, de toda e qualquer pessoa humana. Devendo a dignidade humana ser entendida em termos de universalidade (artigo 12º C.R.P.) e da igualdade (artigo 13º C.R.P.)[48].

O problema que se põe é, pois, o de saber quando se inicia a vida, logo a personalidade humana. A partir da conceção existe o "ele", o ser vivo, a vida, e esta é um pressuposto da personalidade, da titularidade e da dignidade de outros Direitos Fundamentais[49].

Sendo assim, por que razão o artigo 66º do Código Civil faz depender a personalidade jurídica do nascimento completo e com vida?

Tem sido entendido que esta norma é situada historicamente, estando hoje gasta ou ultrapassada.

Desde logo, o que o Direito possa dispor sobre a personalidade humana/jurídica, limitando-a ou distorcendo-a, é de afastar.

Todo o ser humano é pessoa (humana) jurídica, desde a sua conceção até à morte; não pode haver dois tipos de pessoas humanas, as jurídicas e as não jurídicas, pois "*a pessoa comporta em si própria a dimensão da subjetividade jurídica*"[50].

[45] Paulo Otero, *Pessoa Humana e Constituição (Contributo para uma conceção Personalista do Direito Constitucional)*. In "Pessoa Humana e Direito", Almedina, AAVV, 2009, p. 361.

[46] José de Oliveira Ascensão, "A Dignidade da Pessoa e o Fundamento dos Direitos Humanos", *ROA* 68, 2008, p. 109.

[47] José de Melo Alexandrino, "Os Direitos das Crianças: linhas para uma construção unitária", *ROA* 68, 2008, pp. 275-309.

[48] A "Dignidade humana" está presente em várias constituições: C.R.P.: *"Portugal é uma República soberana, baseada, entre outros valores, na dignidade da pessoa humana e na vontade popular e empenhada na construção de uma sociedade livre, justa e solidária."* (artigo 1º). L.F.A. (1949): *"A dignidade do homem é intangível. Respeitá-la e protegê-la é obrigação de todo o poder público."* (artigo 1.1). C.R.I. (1947): *"Todos os cidadãos têm a mesma dignidade social e são iguais perante a lei sem distinção de sexo, raça, língua, religião, opinião política e condições pessoais e sociais"*. (artigo 3º, 1ª parte).

[49] Sobre a questão dos direitos do nascituro, numa perspetiva comparada, vd. Mónica Martinez de Campos e Eva Dias Costa, "A protecção ao nascituro na Constituição, na legislação ordinária e na moderna jurisprudência portuguesa e brasileira: Análise comparativa". *Cadernos de Direito Actual*, 2015, 3, pp. 117-135.

[50] Ac. citado. do STJ de 03-04-2014, proc. nº 436/07.6TBVRL.P1 S1, in www.dgsi.pt.

O artigo 66º do Código Civil não tem necessariamente de ser visto como uma ordem antijurídica.

Tem de ser entendido, não nos quadros do dever ser assente na pessoa humana, mas num ambiente científico que não apreendia devidamente a pessoa humana.

Quando o Código Civil foi elaborado, os seus Ilustres Autores não conheciam, nem podiam conhecer, a vida intrauterina.

Esta continuava envolta em muito nevoeiro que só se desfazia quando a mulher "dava à luz", e se "via" a pessoa humana[51], transformando-se o nascimento no momento de referência da pessoa humana/jurídica – que só agora era "vista"[52].

Passados poucos anos após a publicação do Código Civil, a ciência e a técnica revelaram com rigor o processo da vida intrauterina, nomeadamente a existência do ser vivo[53].

O nascimento não é um "nascer", mas uma "mera" alteração do "meio ambiente". A vida é o resultado de uma dinâmica autoestruturante e não de uma série de acontecimentos[54]. A vida é um processo ininterrupto de transformação que se inicia com a conceção e termina com a morte. "*Sendo a vida humana um processo moldado numa certa natureza, importa ter presente que na caracterização da natureza humana, em si mesma, não será decisivo o grau da sua evolução, mas a sua estrutura e dinâmica. Parece, assim, inegável a existência de vida humana no nascituro concebido, uma vez que ele, desde a concepção, emerge como um ser dotado de uma estrutura e de uma dinâmica humanas autónomas, embora dependente da mãe*"[55]. Claro que convêm diferenciar "*a situação de quem ainda não nasceu, mas tem vida no seio da mãe (nascituro) da possibilidade de alguém vir a ser gerado (concepturo)*"[56]. "*Os nascituros são os seres humanos já concebidos mas ainda não nascidos, sendo o respetivo nascimento provável. Os concepturos são projectos de conceção de seres humanos, cuja conceção e nascimento se prevêem como possíveis*"[57].

É preciso converter o Direito aos "direitos"[58].

[51] Sobre este fenómeno ver F. Terré, *La crise de la loi*, A. Ph. Droit, 1980, pp. 67 e ss., e G. Burdeau, *Le dépassement de la loi*, A. Ph. Droit, 1963, pp. 35 e ss..

[52] "*Se a gravidez é um momento de intimidade de dois corpos num só corpo ... é também um momento de opacidade, de desconhecido entre esse(s) corpo(s) – corpo*", escreve Teresa Joaquim em *Dar à Luz, ensaio sobre as práticas e crenças da gravidez, parto e pós-parto em Portugal*, Lisboa, 1983, p. 61.

[53] Vd. Diogo Leite de Campos, *A criança-sujeito: a vida intra-uterina*, publicado em "Nós..." cit., pp. 57 e ss..

[54] Diogo Leite de Campos, *Temps, personne et agrégat social dans la théorie de la relation juridique, mélanges en l'honneur de Camille Jauffret-Spinosi*, Dalloz, Paris, 2014, p. 809.

[55] R. Capelo de Sousa, *O Direito Geral de Personalidade*, Coimbra Editora, 1995, pp. 157-158.

[56] Pais de Vasconcelos, *Teoria Geral do Direito Civil*, 7ª Edição, Almedina, 2012, p. 70.

[57] R. Capelo de Sousa, *Teoria Geral do Direito Civil*, Coimbra Editora, vol. I, 2003, p. 265.

[58] Diogo Leite de Campos, "Tempo pessoa e agregado na relação jurídica", *ROA*, Ano 72, I, 2012, p. 31.

Pais de Vasconcelos analisa o problema dando sentido técnico à norma do artigo 66º.

"O art. 66º do Código Civil, para ser compaginável com a Constituição da República, com as coordenadas axiológicas do sistema e com a natureza das coisas, tem de ser interpretado como referido, não à personalidade jurídica, cuja existência, início e termo são extra e supra legais, mas antes à capacidade jurídica, como fazia o seu antecessor, artigo 6º do Código Civil de 1897 e o § 1 do BGB"[59]. O mesmo Autor, chama a atenção para que o artigo 6º do Código de 1867 *"não falava em personalidade jurídica, mas em capacidade, como era característico da terminologia da época. Ainda hoje, a generalidade da doutrina alemã usa o temo Rechtsfähigkeit que, em rigor, significa capacidade de gozo, e amalgama indistintamente nesse conceito a personalidade e a capacidade de gozo, o que cria alguma equivocidade"*[60], chamando a atenção para o facto de no atual Código Civil pátrio, em vez de "capacidade", como no anterior, ter surgido o termo "personalidade", de acordo com a orientação generalizada, mas nem sempre correta, de traduzir o termo alemão *Rechtsfähigk*eit por personalidade jurídica, em vez de capacidade.

Assim, o artigo 66º do Código Civil diz respeito à capacidade de gozo e não propriamente à personalidade jurídica, *"a personalidade jurídica das pessoas humanas não depende da lei e está fora do alcance do poder legislativo do Estado retirar ou não reconhecer a qualidade de pessoa humana a quem a tem"*[61]. Nesta medida o nascituro é titular de direitos subjetivos[62].

Porém, mesmo cingindo-nos a letra da lei, à atribuição da personalidade jurídica com o nascimento completo e com vida, os direitos do nascituro morto à nascença poderiam ter alguma salvaguarda, através da regra *"Infans conceptus pro nato habetur quoties de comodo ejus"*[63].

[59] PAIS DE VASCONCELOS, *ob. cit.*, pp. 69-70.

[60] PAIS DE VASCONCELOS, *ob. cit.*, p. 69.

[61] PAIS DE VASCONCELOS, *Teoria Geral do Direito Civil*, 3ª Edição, Almedina, p. 73.

[62] Assim, nos termos do art. 952º do CC, os nascituros podem adquirir por doação; no art. 1826º, nº 1, do CC, presume que o filho concebido na constância do matrimónio da mãe tem como pai o marido da mãe; O art. 1854º do CC refere que a perfilhação pode ser feita a todo o tempo, antes ou depois do nascimento; O art. 1855º do CC refere que a perfilhação só é válida se for posterior à conceção; O art. 1878º do CC incumbe aos pais a representação legal dos filhos "ainda que nascituros"; o nº 1 do art. 2033º do CC reconhece a capacidade sucessória a todas as pessoas nascidas ou concebidas ao tempo da abertura da sucessão; O nº 2 do art. 2240º do CC atribui a administração da herança do nascituro já concebido a quem administraria os seus bens, se ele já tivesse nascido.

[63] Cfr. art. 311 do Código Civil Francês, nos termos do qual considera-se que o nascituro nasceu com vida se houver vantagens. Vide, para mais desenvolvimentos, LALOU, (R.). *Etude de la maxime Infans conceptus pro nato habetur en droit français*, Université de Paris. Faculté de droit, Thèse Droit,

Mantenhamo-nos numa perspetiva "realista". Como muito bem observa o acórdão em análise:

> *"Ninguém duvidará de que repugna ao mais elementar sentido de justiça que – como neste caso paradigmático – dois irmãos que sofrem a perda do mesmo progenitor, tenham tratamento jurídico tão gritantemente diferenciado, pela circunstância de um deles já ter nascido à data do falecimento do pai (tinha 16 meses de idade) e outro ter nascido apenas 18 (dezoito) dias depois de tal acontecimento fatídico"*[64].

Sublinhe-se que o nascituro pode suceder "*mortis causa*" a outrem – o que parece dificilmente compatível com a ausência de personalidade; pode ser titular do direito à indemnização por danos sofridos, como muito bem reconhece o acórdão em causa[65], de um modo muito realista; tanto de danos físicos como de outros danos não patrimoniais ou patrimoniais; nomeadamente o direito à indemnização por dano da sua morte; danos corporais; danos sofridos por um bem que lhe pertença, por exemplo, bem herdado; etc..

2.4. Natureza jurídica da vocação dos concepturos

Os concepturos "pessoas" que ainda vão ser concebidas – não "existem" biologicamente, não tendo, pois, personalidade jurídica. Assim, só excecionalmente e mediante concessão legal terão capacidade sucessória.

Nos termos do artigo 2033º, número 2, al. a), do Código Civil, têm capacidade sucessória, na sucessão testamentária ou contratual, os nascituros não concebidos que sejam filhos de pessoa determinada, viva ao tempo da abertura da sucessão.

Note-se que pessoa viva significará pessoa concebida, na lógica do que tenho afirmado.

A vocação dos concepturos não é vocação de pessoas já existentes.

Tal como Pereira Coelho, parece-me de adotar a conceção de Oppo – adaptada ao meu ponto de vista de que a personalidade jurídica, e, logo, a capacidade sucessória se iniciariam com a conceção.

Antes da conceção não há qualquer vocação sucessória. O testamento será nesta fase um negócio em vias de formação, completando-se no momento da conceção; momento no qual surgiria a vocação (atual).

Paris, 1903-1904; Lefebvre-Teillard, (A.), *Infans conceptus. Existence physique et existence juridique*, Sirey, 1994.

[64] Ac. citado do STJ de 03-04-2014, proc. nº 436/07.6TBVRL.P1 S1, in www.dgsi.pt.

[65] Mais tarde, em 2016, voltou a ser concedido ao nascituro este direito à indemnização, no Acórdão do Supremo Tribunal Administrativo, proferido no processo nº 01485/14 (relator Maria do Céu Neves), de 30 de Junho de 2016 (in www.dgsi.pt).

Antes deste momento, o único efeito do testamento é um efeito preliminar da vocação: a colocação da herança sob administração – em termos idênticos aos da herança deixada sob condição suspensiva: artigos 2240º, número 1, e 2237º a 2239º do Código Civil[66].

Quanto aos direitos sobre os bens hereditários deixados a concepturos, da abertura da sucessão até ao momento da conceção ou do nascimento, a situação é controvertida. Antes da conceção podemos estar, temporariamente, perante direitos sem sujeito[67]. Depois da conceção e antes do nascimento, os direitos estão condicionados ao nascimento completo e com vida. Há quem defenda que não existem direitos durante este intervalo de tempo mas apenas "*meros estados de vinculação de certos bens, em vista da possível superveniência de um titular para eles, e portanto de um direito que lhes corresponda*"[68].

Será que se pode proceder à partilha quando são chamados à sucessão concepturos? Várias soluções são apresentadas pela doutrina[69]. Em relação à patilha, se o concepturo for concebido antes da abertura da sucessão, somos de opinião que a mesma fica suspensa[70]. No caso de continuar a ser concepturo depois da abertura da sucessão, ou se mantém a indivisão entre os herdeiros já existentes, por vontade dos mesmos, ou far-se-á uma partilha sujeita à condição resolutiva do nascimento do concepturo beneficiário[71].

[66] Mas será que se pode proceder à partilha quando são chamados à sucessão concepturos? Várias soluções são apresentadas pela doutrina. Vd., por exemplo, Jorge Duarte Pinheiro, *ob. cit.*, pp. 248-249, e um parecer do Instituto dos Registos e Notariado, proferido no Pº C.N. 35/2012 SJC-CT, de 29-10-2012.

[67] Para Castro Mendes "*antes do nascimento, tais direitos encontram-se na situação (...) de direitos sem sujeito (relações jurídicas imperfeitas)*" (Direito Civil – Teoria Geral, Volume I, AAFDL Editora, 1978, p. 233). Esta posição é seguida de perto por Pereira Coelho, *ob. cit.*, p. 99, nº 2 e Carvalho Fernandes, *ob. cit.*, pp. 156-158.

[68] Manuel de Andrade, *Teoria Geral da Relação Jurídica*, Volume I, 4ª Reimpressão, Almedina, 1974, p. 35.

[69] Vd. J. Duarte Pinheiro, *ob. cit.*, pp. 248-249, e um parecer do Instituto dos Registos e Notariado, proferido no Pº C.N. 35/2012 SJC-CT, de 29-10-2012.

[70] Pamplona Corte-Real considera que, enquanto não houver certeza do nascimento do concepturo, a partilha não é possível (*ob. cit.*, p. 200). É como se se tratasse de uma partilha sob uma condição suspensiva.

[71] Cfr. Pereira Coelho, *ob. cit.*, pp. 95-99; Lopes Cardoso, *Partilhas Judiciais: teoria e prática*, Volume I, 4ª Edição, Almedina, 1990, p. 107; IRN, Parecer proferido no proc. C.N. 35/2012 SJC-CT, p. 4.

Bibliografia:

Pereira Coelho, *ob. cit.*, págs. 72 a 99; Oppo, "Note sull'istituzione di non concepiti", *Riv. trim. dir proc. civ.*, 1948, págs. 2 e segs.; Diogo Leite de Campos, *A vida, e morte e a sua indemnização*, Lisboa, 1987 (Sep. do *BMJ* nº 365).

Lição IX

Pressupostos da Vocação: Capacidade Sucessória

1. Capacidade sucessória

Para ser chamado à sucessão, o titular da designação sucessória prevalecente tem de ser capaz perante o *"de cuius"*.

Capacidade sucessória é a aptidão para se ser chamado a suceder em relação a uma certa pessoa, como herdeiro ou legatário.

Não há que confundir a capacidade sucessória – capacidade para suceder – com a capacidade para praticar os diversos atos jurídicos integrados no processo sucessório. A capacidade para praticar estes atos identifica-se, normalmente, com a capacidade negocial geral (art. 67º do CC). Assim, um menor terá capacidade sucessória, mas não capacidade para repudiar a herança, por exemplo.

A exemplo do que acontece com a capacidade negocial, também a capacidade sucessória é a regra, e a incapacidade a exceção. São capazes de suceder todas as pessoas singulares ou coletivas que a lei não declare incapazes (art. 2033º do CC).

Note-se, aliás, que a incapacidade sucessória (das pessoas vivas) nunca é geral, antes relativa. Mesmo os menores, os dementes e, em geral, os maiores acompanhados com uma medida, por exemplo, de representação legal, têm capacidade sucessória. Isto, porque, o simples chamamento à sucessão não implica ónus, encargos ou obrigações.

Estes só derivarão, eventualmente, da aceitação; mas esta será realizada no caso de incapacidade do sucessor, pelos seus representantes legais e no caso do maior acompanhado que, nos termos da sentença de acompanhamento, não o possa fazer pessoal e livremente, pelo acompanhante (arts. 1889º e 1938º do CC).

1.1. Momento de referência da capacidade sucessória

De acordo com a regra geral, é também ao momento da morte do *"de cuius"* que se deve referir a aferição da capacidade sucessória do sucessor. A capacidade sucessória deve existir neste momento, e só neste, não sendo necessário que se prolongue (arts. 2033º e 2035º, nº 1, do CC).

Contudo, esta regra sofre limitações nuns casos, devendo ser entendida habilmente noutros.

Assim, no caso de concepturos, como estes não existem no momento da abertura da sucessão, terão só que ter capacidade sucessória no momento da vocação que é o da sua conceção. Ou seja, a sua vocação está condicionada ao seu nascimento. Os concepturos, ou nascituros ainda não concebidos, têm uma capacidade sucessória limitada à sucessão testamentária ou contratual (art. 2033º, nº 2, al. a), do CC), desde que sejam filhos de pessoa determinada ao tempo da abertura da sucessão, ficando excluídos os netos ou outros descendentes que venham a ser concebidos e os concepturos filhos de outro concepturo, por indeterminação destes. A instituição de um concepturo filho de um nascituro não será de rejeitar, desde que o progenitor nascituro esteja vivo à data da abertura da sucessão, mesmo que não fosse nascido ao tempo da feitura do testamento ou do pacto sucessório[72].

As pessoas coletivas também só têm capacidade sucessória na sucessão contratual ou testamentária (art. 2033º, nº 2, al. b), do CC)[73].

No caso de a instituição de herdeiro ou legatário estar sujeita a condição suspensiva, a capacidade sucessória deverá existir em dois momentos: no da morte, do "*de cuius*" e no da verificação da condição. É o que resulta do artigo 2035º, número 2, do Código Civil, que revela um princípio geral.

Este regime geral justificar-se-á pelo facto de no momento da morte já haver uma vocação, embora condicional, do sucessor; e essa vocação só se consolida, produzindo verdadeiramente os efeitos a que se destina – aquisição dos bens – no momento da verificação da condição.

É controvertida a existência de uma vocação, embora só condicional, no momento da morte do "*de cuius*". Contudo a existência de uma vocação (condicional) assenta no facto de a designação produzir alguns efeitos desde o momento da morte do "*de cuius*": o sucessor condicional pode aceitar desde o momento da abertura da sucessão; e verificam-se os efeitos previstos no artigo 2238º do Código Civil.

Por outro lado, há diversas causas de incapacidade sucessória que se verificam depois da abertura da sucessão. São os casos de "atentado contra o testamento"

[72] Cfr. M. Araújo, "A vocação de nascituros e concepturos", *Boletim da Faculdade de Direito da Universidade de Coimbra*, Suplemento XIII, vol. 37, 1961, pp. 72-73; Pereira Coelho, *ob. cit.*, p. 85, nº 4.

[73] A lei parece admitir a vocação sucessória das pessoas coletivas não dotadas de personalidade jurídica no artigo 158º do CC.

(artigo 2034º, al. d), do CC); o chamado era capaz no momento da abertura da sucessão, e veio a tornar-se incapaz por vir a atentar contra o testamento.

2. Incapacidade sucessória

As incapacidades sucessórias estão reguladas pelos artigos 2034º e seguintes do Código Civil. Porém, existe uma disciplina especial para a sucessão legitimária (arts. 2166º e 2167º do CC).

As incapacidades para adquirir por sucessão não se fundam em falta de qualidade física, moral ou intelectual do sucessível, que o torne incapaz, em geral, de suceder. O que está em causa não são incapacidades de exercício ou de gozo, é uma ilegitimidade sucessória passiva[74]. O facto do indigno, e do deserdado, poder ser reabilitado é sinal de que esta incapacidade tem um carácter específico. Trata-se de incapacidades relativas, que funcionam só em relação ao autor da sucessão, e que se fundam numa ideia de indignidade do sucessível, em virtude da prática de atos deste, direta ou indiretamente, contra o autor da sucessão.

Note-se que, no caso de ausência, não se trata de uma incapacidade do ausente, mas da inexistência (jurídica) deste; e que as hipótese previstas nos artigos 2192º e seguintes do Código Civil não configuram incapacidades (indignidade do sucessível) do designado, mas antes incapacidades de dispor; fundadas na necessidade de preservar a plena liberdade de testar.

2.1. Sucessão legítima e sucessão testamentária

O comportamento indigno do sucessível, tipificado[75] no artigo 2034º do Código Civil, releva identicamente para efeitos de sucessão legítima e de sucessão testamentária.

[74] OLIVEIRA ASCENSÃO, "As actuais coordenadas do instituto da indignidade sucessória", in *O Direito*, Ano 101, 1969, p. 261 e Ano 102, 1970, p. 273. No mesmo sentido, vd. R. CAPELO DE SOUSA, *Lições de Direito das Sucessões, ob. cit.*, p. 293. E, sobre a distinção entre Ilegitimidade e incapacidade, vd. Manuel de ANDRADE, *Teoria Geral da Relação Jurídica*, vol. II, 7ª reimpressão, Coimbra, Livraria Almedina, 1987, pp. 116 e ss..

[75] Cfr. sobre a tipicidade e taxatividade das causas de indignidade Pamplona CORTE-REAL, *ob. cit.*, p. 57; Cristina Araújo DIAS, *Código Civil Anotado: Livro V, Direito das "Sucessões"*, Lisboa, Almedina, 2018, p. 38.

OLIVEIRA ASCENSÃO admite o recurso à analogia legis relativamente às causas de indignidade previstas na lei ("As actuais coordenadas do Instituto da Indignidade Sucessória", *ob. cit.*, p. 36). Vd. no mesmo sentido, LEMOS, João, "O Problema da Tipicidade das causas de Indignidade Sucessória e os Tribunais: Breve "Estudo de Caso"", in AA.VV. *Estudos em Homenagem ao Professor Doutor Carlos Pamplona Corte-Real*, Coimbra, Almedina, 2016, p. 113; Ac. TRL, de 23-09-2010, Proc. 1280/09.1TBMTA.L1-8, Rel. Caetano DUARTE (www.dgsi.pt), onde se pode ler que "*Só se justifica a aplicação analógica do artigo 2034º do Código Civil no caso de haver condenação por crimes de gravidade idêntica ou superior à dos crimes previstos nas alíneas a) e b) (...)*".

São de distinguir as seguintes hipóteses de comportamento indigno: atentado contra a vida do autor da sucessão e seus familiares próximos, atentado contra a liberdade de testar; e atentado contra o próprio testamento; atentado contra a honra do autor da sucessão ou seus familiares próximos[76].

Atentado contra a vida do autor da sucessão e seus parentes próximos: o condenado como autor ou cúmplice de homicídio doloso, ainda que não consumado contra o autor da sucessão ou contra o seu cônjuge, descendente, ascendente, adotante ou adotado, é incapaz sucessoriamente em relação ao autor da sucessão (artigo 2034º, al. a) do CC). Contudo, se o indigno for contemplado em testamento quando o testador já conhecia a causa da indignidade, o indigno sucederá nos limites da disposição testamentária.

Atentado contra a honra do autor da sucessão e seus familiares próximos: aquele que tiver sido condenado por denúncia caluniosa ou falso testemunho contra o autor da sucessão, seu cônjuge, descendentes, ascendentes, adotantes ou adotado, relativamente a crime a que corresponda pena de prisão superior a dois anos, qualquer que seja a sua natureza, será ferido de incapacidade sucessória (art. 2034º, al. b) do CC).

Atentado contra a liberdade de testar: não sucederá ao autor da sucessão aquele que por meio de dolo ou coação[77] induzir o *"de cuius"* a fazer revogar ou modificar o testamento, ou disso o impedir (art. 2034º, al. c) do CC). Sublinhe-se que a disposição testamentária determinada por erro, dolo ou coação é anulável (art. 2201º do CC).

Será também incapaz o que dolosamente subtraia, oculte, inutilize, falsifique ou suprima o testamento (cerrado) ou se aproveite de qualquer destes factos – atentado contra o próprio testamento (art. 2034º, al. d), do CC)[78]. O incapaz sê-lo-á tanto como sucessor testamentário, mesmo para além da deixa testamentária como a título de sucessor legítimo.

Num acórdão do Tribunal da Relação de Guimarães, de 22-01-2009 (Proc. 2612/08-167, Rel. Rosa Tching, in www.dgsi.pt), também se segue esse entendimento: *"O art. 2034º, al b) do C. Civil tem de ser objecto de aplicação analógica, por forma a nele se poder integrar os condenados pela prática de outros crimes de ofensa à honra do autor da sucessão desde que sejam mais graves do que aqueles que o próprio legislador nele previu expressamente ou de idêntica gravidade"*. Já o Supremo Tribunal de Justiça, mesmo ao decidir pela improcedência do recurso, numa decisão de 07-01-2010 (Proc. 104/07.9TBAMR.S1, Rel. Pires da Rosa, CJASTJ, Ano XVIII, Tomo I/2010, p. 14), pronuncia-se sobre esta questão da aplicação analógica das causas de indignidades de forma diferente da do TRG. Nega a possibilidade de recurso à analogia, *iuris* e *legis*, no âmbito do art. 2034º CC, mas nega capacidade sucessória por abuso de direito.

[76] Pereira Coelho, *ob. cit.*, II, p. 108.

[77] Coação física (art. 246º do CC) ou moral (art. 255º do CC).

[78] Ac. TRC de 26-10-2010, proc. nº 1054/05.9TBCBR.C1, relator Judite Pires, in www.dgsi.pt.

2.2. Incapacidade das pessoas coletivas

Não há normas especiais sobre as incapacidades sucessórias das pessoas coletivas. Assim, aplicar-se-ão as normas gerais, por analogia, sempre que esta exista.

Assim, os autores dos factos que levam à incapacidade terão de ser os representantes legais da pessoa coletiva (administradores, gerentes, etc.)[79]. E parece muito difícil hipotizar outras causas de indignidade para além dos atentados contra a liberdade de testar, contra o próprio testamento, realizados pelos referidos representantes no interesse da pessoa coletiva.

2.3. Incapacidades na sucessão legitimária

O problema que se põe é o de saber se o artigo 2034º do Código Civil se aplica também à sucessão legitimária[80], podendo ser privado da sua legítima o herdeiro que pratique alguns dos factos aí indicados.

Parece, porém, que a única norma que regula a incapacidade dos herdeiros legitimários, enquanto tais, é o artigo 2166º do Código Civil[81]. Com efeito, este artigo regula a deserdação, o ato pelo qual o autor da sucessão priva da legítima os seus herdeiros legitimários, em termos tão diversos dos do artigo 2034º do Código Civil, que revelam uma oposição entre estas duas normas.

Assim, os princípios contidos nas alíneas a) e b) do número um do artigo 2166º do Código Civil são idênticos, mas mais extensos do que os dispostos nas alíneas a) e b) do artigo 2034º do Código Civil.

A causa de deserdação prevista na alínea c) do artigo 2166º do Código Civil não encontra paralelo no artigo 2034º do Código Civil. E as incapacidades sucessórias previstas nas alíneas c) e d) do artigo 2034º do Código Civil não encontram eco nas causas de deserdação.

[79] R. Capelo de Sousa (*ob. cit.*, vol. I, pp. 306-307) e Eduardo dos Santos (*O direito das sucessões*, Vega, Lisboa, 1998, p. 104), não veem qualquer objeção a que as pessoas coletivas e as sociedades possam ser declaradas indignas de suceder.

[80] Nesse sentido, Ac. TRG, de 22-01-2009, proc. 2612/08-1, relator Rosa Tching, onde se pode ler: "*O art. 2034º, al b) do C. Civil tem de ser objeto de aplicação analógica, por forma a nele se poder integrar os condenados pela prática de outros crimes de ofensa à honra do autor da sucessão desde que sejam mais graves do que aqueles que o próprio legislador nele previu expressamente ou de idêntica gravidade.*
4º – O regime de indignidade contido no art. 2034º do C. Civil, é aplicável a todas as espécies de sucessão. (sublinhado nosso)
5º – É, assim, de considerar como indigno o comportamento do réu, que violou a autora da sucessão, sua filha menor, que engravidou-a e obrigou-a a abortar aos quinze anos de idade, impondo-se, por isso, afastá-lo da respetiva sucessão nos termos do disposto no art. 2034º, al. b) do C. Civil," (in www.dgsi.pt).

[81] Vd. em sentido contrário, nomeadamente, Oliveira Ascensão, *ob. cit.*, pp. 148 ss.; Pamplona Corte-Real, *ob. cit.*, pp. 214 ss.; R. Capelo de Sousa, *ob. cit.*, pp. 304 ss.; Carvalho Fernandes, *ob. cit.*, pp. 189-189.

O artigo 2166º do Código Civil[82] será, assim, uma norma especial que derroga, para a sucessão legitimária, as normas dos artigos 2034º e seguintes do Código civil, nos limites do seu âmbito de aplicação. Casos há que recaem fora do seu âmbito. Assim, aquando de prática de homicídio por um herdeiro legitimário contra o autor do testamento será necessário aplicar as normas dos artigos 2034º e seguintes do Código Civil para que o mesmo seja afastado da sua quota legitimária, uma vez que o disposto no artigo 2166º do Código Civil não contempla esta situação[83]. Para que a aplicação exclusiva na sucessão legitimária do instituto de deserdação não deixe de fora situações que devem ser juridicamente tuteladas, recorre-se, excecionalmente, ao regime da indignidade. Nos casos de homicídio, dolo ou coação, em que não é possível ao autor da sucessão excluir o sucessível por testamento com expressa declaração de causa.

Havendo deserdação, o herdeiro legitimário deserdado fica privado da legítima (art. 2166º, nº 1, do CC) e, também, de qualquer outra espécie de sucessão, por força do número 2 do artigo 2166º, do Código Civil, que equipara o deserdado ao indigno para todos os efeitos legais.

2.4. Declaração de indignidade; deserdação

As indignidades[84] sucessórias (sucessão legítima e testamentária) devem ser declaradas judicialmente, por força e nos prazos do artigo 2036º do Código Civil. A ação caduca nos dois anos subsequentes à abertura da sucessão ou dentro do ano seguinte à condenação pelos crimes das alíneas a) e b) do artigo 2034º do Código Civil ou do conhecimento das causas de indignidade previstas nas alíneas c) e d) do mesmo artigo.

Assim, a indignidade não opera automaticamente. É necessária uma ação judicial destinada a obter a declaração de indignidade do herdeiro ou do lega-

[82] Para uma análise do artigo 2166º do CC, vd. Helena Mota, *Código Civil Anotado, Livro V Direito das Sucessões*, Cristina Araújo Dias (coord.), Almedina, 2018, pp. 228-229.

[83] Ac. STJ, de 07-01-2010, processo 104/07.9TBAMR.S1, relator Pires da Rosa, CJASTJ, Ano XVIII, Tomo I/2010, p. 14; Ac. TRP, de 19-11-1992, Proc. 9220088 (in www.dgsi.pt): "*I – Carece de capacidade sucessória, por motivo de indignidade, o herdeiro legitimário que é condenado como autor de homicídio doloso praticado na pessoa do autor da sucessão. II – Na sucessão legitimária funcionam cumulativamente os institutos da deserdação e da indignidade, sendo este supletivo em relação àquele. (...)*"; Ac. TRL, de 09-12-2003, Proc. 9860/2003-7, Rel. Proença Fouto: "*É de concluir, pois, que o instituto de indignidade se estende à sucessão legitimária, sendo o apelante herdeiro legitimário de sua mulher – artigos 2132º, 2133º, nº 1, al. a), do C. Civil – e, tendo cometido crime de homicídio voluntário na pessoa da sua mulher, carece de capacidade sucessória para herdar bens da herança aberta daquela que ele mesmo, dolosamente, perpetrou.*" (in www.dgsi.pt).

[84] Sobre a indignidade no Direito Romano, vd. António dos Santos Justo, "A indignidade sucessória no Direito Romano – Reflexos no Direito Português", *Lusíada. Direito*, 15 (2016), p. 7-79.

tário[85]. As alterações introduzidas no artigo 2036º pela Lei nº 82/2014, de 30 de Dezembro[86], reforçam este entendimento. Foi introduzido um número dois segundo o qual incumbe ao Ministério Público intentar a ação de declaração de indignidade caso o único herdeiro seja o sucessor afetado pela indignidade, independentemente da causa de indignidade. Se houver outros sucessíveis, caberá a estes. Ou seja, o legislador procurou que houvesse sempre alguém para assegurar que a indignidade pudesse ser declarada. O número 3 impõe a comunicação obrigatória da condenação por homicídio ao Ministério Público – a condenação a que se refere a alínea a) do artigo 2034º e declarada na sentença penal – para que este possa providenciar pela instauração da ação de declaração, pela via cível; isto quando o sucessor afetado pela indignidade é o único herdeiro e a indignidade não foi declarada na sentença de condenação por homicídio. Nos termos do artigo 69º-A do Código Penal, o juiz da ação penal, que condene o indigno por homicídio, tem a possibilidade de declarar a indignidade na mesma ação[87].

A deserdação é feita por testamento, sem necessidade de uma ação judicial, em que o *"de cuius"* tem de indicar expressamente uma das causas do artigo 2166º, número 1, do Código Civil[88]. Se eventualmente a causa de deserdação não se tiver verificado, o deserdado poderá impugnar a deserdação (art. 2167º do CC) a contar da abertura do testamento ou do conhecimento do seu teor[89].

[85] Embora Oliveira Ascensão ("As atuais coordenadas do instituto da indignidade sucessória, in revista *O Direito*, Ano 102, 1970, pp. 4 e 27) tenha opinião diferente. Considera que a indignidade produz efeitos independentemente da declaração judicial de indignidade, podendo ser arguida a todo o tempo, ocorrendo somente a caducidade prevista no artigo 2036º do Código Civil se o indigno estiver na posse dos bens da herança, sendo esta posse uma posse de má fé, por ter existido uma aparente devolução dos bens.

[86] Vítor, Paula Távora; Martins, Rosa Cândido, "Unos Cuantos Piquetitos – Algumas considerações acerca das novas regras da declaração de indignidade da Lei nº 82/2014, de 30 de Dezembro", in AA.VV. *Estudos em Homenagem ao Professor Doutor Carlos Pamplona Corte-Real*, Coimbra, Almedina, 2016.

[87] Artigo 69º-A – Declaração de indignidade sucessória
"A sentença que condenar por crime de homicídio praticado contra o autor da sucessão ou contra o seu cônjuge, descendente, ascendente, adotante ou adotado, tal como previsto no artigo 2034º do Código Civil, pode, desde logo, declarar a indignidade sucessória do condenado, sem prejuízo do disposto no artigo 2036º do Código Civil."

[88] Ac. TRC. de 17-11-2015, Proc. 659/04.0TBPCV-A.C1, Rel. Carlos Moreira (www.dgsi.pt): *"1. A prova de que o de cujus vendeu alguns bens da herança para não os deixar ao filho herdeiro, não é, formal e substancialmente, bastante para se concluir que estamos perante um ato ilícito de deserdação – art. 2166º do CC – que acarrete, no processo de inventário, a nulidade das vendas. 2. Existindo deserdação que o herdeiro considere ilegal, tem de a impugnar nos termos do art. 2167º do CC; inexistindo, resta-lhe atacar o negócio, por apelo aos vícios gerais da vontade – art. 240º do CC".*

[89] Poder acontecer que o deserdado não tome conhecimento da deserdação no momento da abertura da sucessão. Assim, alguns autores consideram que a impugnação poderá ser feita a contar

2.5. Reabilitação do indigno e do deserdado

O herdeiro e o legatário, indignos (mesmo que a indignidade já tenha sido judicialmente declarada), podem readquirir a capacidade sucessória se o autor da sucessão expressamente os reabilitar em testamento ou escritura pública (art. 2038º do CC). E poderá haver reabilitação tácita, sempre que o testador faça uma deixa ao indigno quando já conhecia a causa da indignidade; sucedendo o indigno nos limites da disposição testamentária.

O herdeiro legitimário, deserdado, também pode readquirir capacidade sucessória por via de reabilitação expressa ou tácita. Nesta última, ele não adquire o direito à legítima, sucede apenas na sucessão testamentária.

Bibliografia:

Pereira Coelho, *ob. cit.*, págs. 101 a 114; Oliveira Ascensão, *ob. cit.*, pág. 152 a 171.

da data em que o interessado teve conhecimento da deserdação, por analogia com o artigo 2308º do Código Civil. Neste sentido vd. Oliveira Ascensão, *ob. cit.*, p. 147 e Carvalho Fernandes, *ob. cit.*, p. 187; Ac. TRC de 19-10-2010, proc. 214/07.2TBSBG.C1, relator Jaime Ferreira, in www.dgsi.pt.

Lição X

Modos de Vocação

Introdução

A vocação de um sucessível pode operar-se de modos diferentes: de modo originário ou subsequente, puro e simples ou condicional, único ou múltiplo, direto ou indireto.

A vocação originária é a que se verifica no momento da abertura da sucessão; a subsequente opera-se num momento posterior, embora se refira, retroativamente, ao momento da abertura da sucessão.

A vocação condicional está submetida a condição, estando isenta dela a vocação pura e simples.

A vocação una assenta na circunstância de um sucessível ser chamado a suceder com base num único título de vocação ou numa única qualidade, a de herdeiro ou de legatário.

A vocação indireta opera-se em vez de outra que não se pôde efetivar: o chamado não quis ou não pôde aceitar, sendo chamado outro em vez dele.

1. Vocação pura e simples, vocação condicional, vocação una e múltipla

Como acabo de indicar, a vocação condicional está sujeita a condição, suspensiva ou resolutiva, enquanto que a vocação pura e simples não lhe está submetida.

Não sendo a sucessão legitimária suscetível de ser sujeita a condição, esta só poderá afetar a sucessão testamentária, e, eventualmente, a legítima (o "*de cuius*" dispõe, por testamento, que os seus sucessores legítimos só herdarão se o seu herdeiro testamentário não puder ou não quiser aceitar).

As especialidades das deixas testamentárias condicionais vêm referidas nos artigos 2236º a 2239º do Código Civil.

No caso de condição resolutiva, o juiz poderá submeter o herdeiro ou o legatário, que são administradores dos bens até ao momento da verificação da condição, à obrigação de prestar caução. A prestação de caução, que é evidentemente no interesse dos que receberão os bens se a condição se verificar, pode ser dispensada pelo testador (art. 2236º, nºs 1 e 3, do CC). No caso de a caução imposta não ser prestada, a administração dos bens passará para o beneficiário da verificação da condição resolutiva (art. 2238º, nº 2, do CC).

Se a condição for suspensiva, os bens são administrados pelo herdeiro condicional, até a condição se cumprir, ou houver a certeza de que não se cumprirá (art. 2237º, nº 1, do CC). A administração será realizada pelo herdeiro condicional, ou pelo seu substituto, se aquele não aceitar (art. 2238º, nº 1, do CC, com mais desenvolvimentos).

Se o legado tiver sido sujeito a condição suspensiva, aquele que deva, eventualmente, satisfazer o legado, pode ser submetido a obrigação de prestar caução (art. 2236º, nº 2, do CC); se este último não cumprir tal ónus, a administração do legado será diferida ao legatário (art. 2238º, nº 2, do CC).

As normas aplicáveis à administração do curador provisório dos bens do ausente valem nesta matéria (art. 2239º do CC).

Como referi anteriormente, a distinção entre vocação una e múltipla assenta na circunstância de um sucessível ser chamado a suceder com base num único título de vocação ou em mais do que um, ou com base numa única qualidade (herdeiro ou legatário) ou em ambas. Acresce que a vocação una é indivisível e na vocação múltipla admite-se excecionalmente a sua divisão. Ora vejamos. O princípio da indivisibilidade da vocação sucessória implica que um sucessível não pode aceitar, nem repudiar, em parte a herança ou o legado a que foi chamado (arts. 2054º, 2064º, 2055º e 2250º do CC). Contudo, exceções há à regra da indivisibilidade da vocação. Nos termos do artigo 2055º, número 1, do Código Civil, se alguém é chamado à herança simultânea ou sucessivamente por testamento e por lei, pode aceitá-la ou repudiá-la pelo primeiro título, não obstante a ter repudiado ou aceitado pelo segundo, se ao tempo ignorava a existência do testamento. O sucessível legitimário, que também é chamado á herança testamentária, pode repudiá-la quanto à quota disponível e aceitá-la quanto à legítima (art. 2055, nº 2, do CC). O legatário também pode aceitar um legado e repudiar outro legado, desde que este último não esteja onerado por encargos impostos pelo testador (art. 2250º, nº 1, do CC). O herdeiro que seja ao mesmo tempo legatário, tem a faculdade de aceitar a herança e repudiar o legado, ou vice-versa, se a liberalidade repudiada não estiver sujeita a encargos (art. 2250º, nº 2, do CC). Por último, o artigo 2306 do Código Civil prevê a possibilidade do sucessível chamado a suceder a uma parte diretamente e a outra indiretamente, aceitar aquela e repudiar esta quando recaiam encargos sobre esta, impostos pelo testador.

2. Vocação direta e indireta, originária e subsequente

Vimos que a vocação subsequente se verifica quando alguém é chamado, a seguir a outro chamamento que não pôde efetivar-se. Enquanto que a vocação indireta se dá quando uma pessoa não quis ou não pôde suceder (falta de capacidade, repúdio, pré-morte).

Note-se que, na vocação indireta, não há, ao contrário do que o nome poderia indicar, duas transmissões sucessórias, fundando-se a segunda na primeira, por força da qual seria realizada. Só há uma transmissão sucessória, a que é realizada por força da vocação indireta.

E, para a "realidade jurídica", *só há uma* vocação, a indireta. Como a vocação se ficciona realizada sempre no momento da abertura da sucessão, com a "segunda" vocação a primeira é apagada do mundo do Direito, tudo se passando como se ela não existisse.

Sucede só, e é esta circunstância que justifica a designação de indireta, que a posição jurídica do que não quis ou não pôde suceder serve de referência para a posição jurídica do sucessor. Este vai receber o que receberia o chamado em primeiro lugar.

Integram a vocação indireta, os institutos do direito de representação, da substituição direta e do direito de acrescer. Vou ocupar-me deles seguidamente.

2.1. Direito de representação

Noção

O direito de representação dá-se quando a lei chama os descendentes de um herdeiro ou legatário a ocupar a posição daquele que não pôde ou não quis aceitar o legado (art. 2039º do CC).

2.1.1. *Fundamento do direito de representação*

O direito de representação constitui uma exceção à regra da sucessão legítima de que o parente mais próximo exclui o parente mais afastado de cada classe (art. 2135º do CC). No direito de representação, o parente mais afastado substitui o parente mais próximo que não quis ou que não pôde suceder, sucedendo em vez dele. O direito de representação funciona por estirpes (art. 2044º do CC), o que constitui uma exceção ao princípio da divisão por cabeça na sucessão legal (arts. 2136º, 2138º e 2157º do CC).

O quadro dos sucessíveis designados é estabelecido segundo razões substanciais. Estas são particularmente evidentes na sucessão legitimária e na legítima, com base numa ideia de propriedade "familiar": o legislador entende que esta deve ser repartida entre aqueles que estão mais próximos dos bens do "*de cuius*", que comparticiparam na sua fruição durante a vida do seu titular (formal), e que têm uma legítima expectativa a continuar a usufrui-los depois da morte do seu titular: filhos, netos, etc.. Embora haja uma ordem na transmissão dos bens – cônjuge e filhos, depois os netos, etc. – bem vistas as coisas são todos eles os herdeiros legitimários. Assim, se circunstâncias imprevistas vêm impedir que um deles suceda nos quadros da ordem estabelecida, não há razão para alterar essa ordem, excluindo os que, naturalmente, viriam a suceder depois dele (os filhos, a seguir aos pais). Assim, são chamados, um pouco mais cedo, os que acabariam por suceder mais tarde.

No âmbito da sucessão testamentária, também há esta intenção de manter a ordem normal da sucessão: os herdeiros do sucessor testamentário sucederiam a este. Vai neste sentido, normalmente, a previsão do testador.

O artigo 2040º do Código Civil prevê o direito de representação apenas na sucessão legal e testamentária. Porém, o direito de representação também opera na sucessão contratual, nas doações "*mortis causa*" feitas por terceiro (art. 1703º, nº 2, do CC). Quando o donatário não sobrevive ao doador são chamados a suceder nos bens doados os descendentes "legítimos" do donatário, que tenham nascido do casamento a que a convenção antenupcial respeita. Ou seja, os filhos nascidos desse casamento e seus descendentes[90]. Parecendo ficar excluídos do direito de representação os filhos adotivos do donatário por não terem "nascido do casamento", mas são equiparados aos filhos biológicos e não vemos razão para os excluir deste direito de representação. Só se, eventualmente, a adoção do filho de um dos cônjuges donatário tenha sido realizada com o único propósito do filho adotado ser chamado a suceder nos bens doados, em lugar do donatário.

2.1.2. *Pressupostos do direito de representação*

2.1.2.1. Sucessão legal

O direito de representação depende, na sucessão legal, de dois pressupostos (art. 2042º do CC): o primeiro é a falta de um parente na primeira ou na quarta classe de sucessíveis do artigo 2133º do Código Civil (descendentes do "*de cuius*" ou irmãos e descendentes[91]). A noção de falta de um parente, compreende as hipóteses de pré-morte, incapacidade por indignidade, deserdação, ausência e repúdio.

O segundo pressuposto é a existência de descendentes do parente excluído da sucessão. O parente excluído da sucessão, ou seja o representado, só pode ser filho ou irmão do "*de cuius*" e os representantes serão os descendentes do representado.

[90] Carvalho Fernandes; *ob. cit.*, p. 531.

[91] O artigo 1999º, nº 2, do Código Civil, previa o direito de representação dos descendentes do adotado restritamente pelo "*de cuius*". Este artigo foi revogado pela Lei nº 143/2015, de 8 de Setembro, mas entendemos que aqueles que foram adotados restritamente continuam a ser herdeiros legítimos e nessa qualidade mantem-se o direito de representação dos seus descendentes.

Os representantes podem ser incapazes em relação ao representado, por exemplo, por terem sido declarados indignos, deserdados ou terem repudiado a herança deste, desde que sejam capazes em relação ao "*de cuius*" (art. 2043º do CC).

O âmbito de aplicação direito de representação na sucessão legal, legítima e legitimária, não se estende aos legados legais, por serem conferidos "*intuitu personae*". Exemplo de um legado legal, a favor do cônjuge sobrevivo, é o legado do direito ao arrendamento para fins habitacionais. Preveem os artigos 1106º, número 1, do Código Civil e 57º, número 1, alínea a) do NRAU, que o arrendamento para habitação não caduca por morte do arrendatário quando lhe sobreviva cônjuge com residência no locado.

2.1.2.2. Sucessão testamentária

As normas que se aplicam ao direito de representação na sucessão testamentária consagram algumas especialidades em relação às que regulam o direito de representação na sucessão legal.

Segundo o disposto no artigo 2041º do Código Civil, a representação dá-se, na sucessão testamentária, no caso de pré-morte, de repúdio, e de ausência (esta, por força do artigo 120º do CC), mas já não no caso de incapacidade. O legislador considerou, que nesta situação, seria vontade (hipotética) do testador não admitir o direito de representação a favor dos descendentes do incapaz.

Por outro lado, a representação não se admite na sucessão testamentária em qualquer das circunstâncias previstas no número 2 do artigo 2041º do Código Civil. Estas circunstâncias são as seguintes:

O testador designou um substituto para o herdeiro e legatário (alínea a)).

Se o fideicomissário não puder ou não quiser aceitar a herança, fica sem efeito a substituição, e a titularidade dos bens hereditários considera-se adquirida definitivamente pelo fiduciário desde a morte do testador. Assim, o direito do fiduciário, limitado no tempo pelo fideicomisso, retoma a sua plenitude no caso de falta do fideicomissário (alínea b)).

Finalmente, a representação não se verifica no legado de usufruto ou de outro direito pessoal (alínea c)). Aqui a intenção do testador foi a de beneficiar pessoalmente o instituído; vontade que se objetiva e se prova pelo carácter pessoal do benefício atribuído. É, de algum modo, contra a natureza de um legado a sua transmissão a um representante.

Põe-se o problema de saber se, nos outros casos em que haja uma vontade do testador contrária à representação, esta poderá ter lugar.

Se a vontade contrária foi expressa, não deverá haver obstáculos à sua eficácia. A sucessão testamentária está à disposição do testador. Deverá, porém, essa vontade resultar da interpretação do testamento, não bastando que derive de circunstâncias estranhas a essa interpretação. Razões de segurança depõem neste sentido.

2.1.3. *Distinção de figuras próximas*

2.1.3.1. Distinção da representação na prática de atos jurídicos

O "representante", em Direito das Sucessões, atua em nome e por conta própria, e não em nome do que não quis ou não pôde suceder. Os atos jurídicos que pratique – nomeadamente a aceitação – produzem-se na sua esfera jurídica, e não na do "representado".

Pelo contrário o representante na prática de atos jurídicos atua em nome e por conta do representado, produzindo-se na esfera jurídica deste os efeitos da sua atuação.

O nome direito de representação, suscetível de induzir em erro, pretende só exprimir a ideia de que o representante sucede na posição jurídica que pertenceria ao representado, sucedendo nos direitos e obrigações que seriam deferidos a este último.

2.1.3.2. Distinção da transmissão do direito de aceitar

2.1.3.2.1. *Transmissão do direito de aceitar: caracterização*

Com a vocação sucessória é atribuído ao chamado o direito de aceitar (ou de repudiar) a herança ou o legado. É este direito o conteúdo da vocação sucessória.

Pode suceder, porém, que o chamado à sucessão faleça sem exercer o seu direito de aceitar ou de repudiar a herança ou o legado. Neste caso, o direito transmitir-se-á aos seus herdeiros, como qualquer outro direito de conteúdo patrimonial. Exercendo este direito, os herdeiros adquirirão os bens do autor da sucessão.

Nestes termos, haverá uma dupla transmissão: do que não chegou a aceitar, para os seus herdeiros – tendo como objeto o direito de aceitar ou repudiar, direito potestativo; do "*de cuius*" para os transmissários (herdeiros do que não chegou a aceitar ou a repudiar) – tendo como objeto a sucessão do "*de cuius*", os seus direitos e obrigações que eram destinados ao transmitente mas que não chegaram a ser adquiridos por este.

Esta construção – transmissão patrimonial direta do "*de cuius*" para os transmissários é a mais adequada à maneira de ser da aceitação.

Esta tem eficácia constitutiva; antes dela, os bens não entraram no património do sucessor. Não entraram, por outras palavras, no património do transmitente, do que não chegou a aceitar. Os bens que eram do "*de cuius*" transmitir-se-ão diretamente para o património dos transmissários, desde o momento em que estes aceitem.

Daqui resulta que os transmissários têm de ser capazes, não só em relação ao transmitente, de quem são herdeiros (quanto mais não seja, do direito de aceitar), como perante o autor da sucessão, de quem recebem os bens.

Notarei a terminar, que a conceção exposta tem consequências a nível de direito tributário.

Como a herança é transmitida diretamente do "*de cuius*" para os transmissários, só há lugar a um imposto. Ao invés do que aconteceria se entendêssemos haver duas transmissões patrimoniais, uma do "*de cuius*" para o transmitente, e outra deste para os transmissários. Caso em que se verificariam os pressupostos típicos de dois impostos sucessórios, um sobre cada transmissão embora, por questões atinentes ao curto intervalo entre as aquisições sucessórias, acabasse por ter lugar só um imposto.

2.1.3.2.2. *Distinção da transmissão do direito de aceitar*

Do exposto, resultam as seguintes diferenças principais entre o direito de representação e a transmissão do direito de aceitar[92].

O direito de representação funciona só em certas classes sucessórias, na sucessão legítima e legitimária. A transmissão do direito de aceitar verifica-se em qualquer classe sucessória, sendo um fenómeno geral. Ou seja, no direito de representação só contam os descendentes do representado, o cônjuge não. Na transmissão, o direito de aceitar transmite-se aos herdeiros legais do transmitente, incluído o seu cônjuge.

O direito de representação traduz uma violação da regra geral de que, em cada classe, o parente mais próximo prefere o mais afastado. A transmissão do direito de aceitar é uma normal transmissão sucessória de um direito patrimonial, verificando-se por força das regras gerais da devolução sucessória mesmo que não estivesse expressamente prevista na lei.

Quanto à capacidade sucessória, os representantes têm de ter capacidade só quanto ao autor da sucessão, mas não perante o representado, que é um simples termo de referência, de quem os representantes não recebem nada.

Agora os transmissários têm de ter capacidade sucessória em relação ao transmitente, de quem recebem o direito de aceitar, e perante o autor da sucessão de quem adquirem os bens[93].

[92] Para Oliveira Ascensão os transmissários recebem o direito de suceder por via do artigo 2058º do CC, que conduz a resultados muito diversos daqueles que resultam do direito de representação (*ob. cit.*, pp. 154-156).

[93] Esta é uma perspetiva que não faz a unanimidade da doutrina. Para mais desenvolvimentos vd. Carvalho Fernandes, *ob. cit.*, pp. 287-289; R. Capelo de Sousa, *ob. cit.*, pp. 331 ss.; Pamplona Corte-Real, *ob. cit.*, pp. 233-235; Eva Dias Costa, "Do Instituto da Transmissão do Direito

2.1.4. *Âmbito do direito de representação*

Referi, há pouco, que o direito de representação constitui uma exceção à regra de que, em cada classe sucessória (da sucessão legítima e legitimária), o parente de grau mais próximo exclui o de grau mais afastado. O artigo 2045º do Código Civil acrescenta que a representação tem lugar ainda que todos os membros das várias estirpes estejam, relativamente ao autor da sucessão, no mesmo grau de parentesco, ou exista uma só estirpe.

Desenham-se, assim, três hipóteses em que funciona o direito de representação: haver desigualdade de graus sucessórios; existir igualdade de graus sucessórios, mas pluralidade de estirpes; haver uma única estirpe. Vou analisar a que consequências leva, nestas três situações, o direito de representação; consequências que não existiriam se este direito não estivesse consagrado.

Através da extensão dos seus efeitos, delimitaremos o âmbito do direito de representação.

2.1.4.1. Desigualdade de graus sucessórios

No caso de concorrerem à sucessão parentes de diversos graus sucessórios, o direito de representação serve para chamar a suceder parentes que, de outro modo, não seriam chamados, segundo a regra de que os parentes de grau mais próximo excluem os de grau mais afastado.

Suponhamos que Pedro falece, deixando um filho, Afonso, e um neto, Carlos, filho de Manuel, pré-falecido. Carlos sucede por direito de representação, na falta do qual o único herdeiro seria Afonso, parente de grau mais próximo.

2.1.4.2. Igualdade de graus sucessórios com pluralidade de estirpes

No caso de haver igualdade de graus sucessórios, o direito de representação já não serve para chamar à sucessão os parentes de grau mais afastado que, sem ele, nunca sucederiam. Agora, haja ou não direito de representação, todos os parentes – do mesmo grau – serão chamados.

Mas, mesmo no caso de igualdade de graus sucessórios, a circunstância de, por força do artigo 2045º do Código Civil, os parentes serem chamados por efeito do direito de representação, leva a consequências jurídicas que não existiriam se faltasse esse instituto.

2.1.4.2.1. *Desigualdade do número de membros de cada estirpe*

No caso de os membros de cada estirpe sucederem por direito de representação, a repartição da herança far-se-á por estirpe e não por cabeça, cabendo a cada

de Suceder do artigo 2058º do Código Civil", *Quaestio Iuris,* vol. 10, nº 03, Rio de Janeiro, 2017, pp. 1556 -1567.

estirpe aquilo em que sucederia o ascendente respetivo (art. 2044º, nº 1, do CC). Isto, em virtude de a posição jurídica sucessória do representado servir de referência para os direitos sucessórios dos representantes: estes vão suceder naquilo que aquele receberia.

Assim, suponha-se que Carlos faleceu, deixando um neto, Pedro, filho de Afonso, pré-falecido, e mais dois netos, Guilhermina e Miguel, filhos de Josefina, também pré-falecida. Se não houvesse direito de representação, seriam chamados Pedro, Guilhermina e Miguel, e a partilha feita por cabeça, recebendo cada um deles um terço da herança.

Por força do direito de representação, cada estirpe vai suceder no que caberia ao ascendente, ou seja, em metade da herança. Assim, Pedro recebe metade da herança; e Guilhermina e Miguel recebem a outra metade, ficando, assim, cada um destes com um quarto do total.

Parece ser, aliás, a solução mais correta. Os netos só tinham a expectativa de receber – mais tarde – a quota hereditária dos respetivos pais. Não se afigura justo que, pelo facto de o progenitor ter falecido mais cedo do que era de esperar, eles vão sair beneficiados ou prejudicados, recebendo mais ou menos do que era "natural" (e justo) que viessem a receber.

2.1.4.2.2. *Igualdade de número de membros de cada estirpe*

No caso de, havendo igualdade de graus sucessórios, cada estirpe ter o mesmo número de membros, parece indiferente que a partilha se faça por estirpe ou por cabeça. Em qualquer dos casos, cada sucessor receberá quinhão idêntico.

Contudo, se a partilha se fizer por estirpes, como deve ser por força do direito de representação, se um dos herdeiros não quis ou não pôde aceitar a sua quota, esta vai acrescer só aos outros membros da mesma estirpe. E não a todos os outros sucessores, como aconteceria se a partilha não se fizesse por estirpe, mas por cabeça.

2.1.4.2.3. *Um único membro de cada estirpe*

Havendo igualdade de graus sucessórios, pluralidade de estirpes, e um único membro de cada estirpe, o direito de representação não vem assegurar qualquer das finalidades indicadas anteriormente: chamamento de sucessíveis de grau sucessório mais afastado; partilha por estirpes; limitação do direito de acrescer no interior de cada estirpe.

Neste caso, o direito de representação implicará que os sucessores confiram nas suas legítimas as doações feitas aos representados (art. 2106º do CC). Com efeito, a posição jurídica sucessória do representado serve de referência, de modelo, para a posição sucessória do representante. Tudo se passa como se este tivesse recebido a doação feita ao representado, devendo imputá-la no seu quinhão hereditário. Isto vem alterar os termos da partilha entre os herdeiros, como facilmente se verificará elaborando um esquema.

Este ponto será desenvolvido quando tratar da colação.

2.1.4.3. Uma estirpe com um só membro

Nesta hipótese, prevista no artigo 2045º do Código Civil, que não distingue se a estirpe tem um ou vários membros, o direito de representação faz com que o sucessor impute na sua legítima os bens doados ao representado. Agora, já não com o intuito de permitir uma partilha correta entre os herdeiros; mas, antes, com a finalidade de proteger os interesses de outras pessoas a quem o autor da sucessão tenha feito liberalidades, "*inter vivos*" ou "*mortis causa*" por conta da quota disponível.

Havendo representação, o sucessor tem de imputar na sua legítima os bens doados ao representado, o que vai libertar a quota disponível. Assim, as liberalidades feitas a outrem poderão deixar de ser inoficiosas e, consequentemente, reduzidas.

2.2. Substituição direta

A substituição direta ou vulgar é outra forma de vocação indireta[94].

Vem descrita no artigo 2281º do Código Civil: "*o testador pode substituir outra pessoa ao herdeiro instituído para o caso de este não poder ou não querer aceitar a herança*".

O substituto acaba por ser um sucessível instituído sob condição suspensiva, pois a sua vocação dependerá sempre da resolução ou da não concretização da vocação do substituído, à qual terá que sobreviver[95]. No caso do substituto não poder ou não querer aceitar, se tiver descendentes, parece ser de aplicar analogicamente o artigo 2317º, alínea b), do Código Civil, que impedirá o funcionamento do direito de representação se a vocação do substituto não tiver chegado a existir.

[94] Vd. Galvão Telles, *Direito de representação, substituição vulgar e direito de acrescer*, Lisboa, 1943, pp. 5, 142 e 182.

[95] Esta posição é aceite unanimemente pela doutrina. Galvão Telles, *Direito de representação…*, *ob. cit.*, pp. 177 e 198: "*A opinião comum qualifica a substituição vulgar como instituição sob condição suspensiva, e esta é a sua real natureza*"; Pamplona Corte-Real, *ob. cit.*, p. 236: "*o substituto acaba por ser um sucessível instituído sob condição suspensiva, pois a sua vocação dependerá sempre da resolução ou da não concretização da vocação do substituído, à qual terá de sobreviver, o substituto é, assim, um sucessível subsequente, pois o seu chamamento só se concretiza num momento ulterior à data da abertura da sucessão, embora retroagindo a esse momento*"; Gonçalves de Proença, *Direito das Sucessões*, 3ª ed., Lisboa, *Quid Juris*, 2009, p. 210: "*A doutrina costuma equiparar a substituição direta à aposição de uma condição suspensiva, na medida em que a instituição de um herdeiro (ou legatário) feita pelo testador fica suspensa pela verificação da condição de os instituídos em 1º grau aceitarem efetivamente a sucessão. Se não aceitarem ou forem afastados, a primeira instituição caduca (é substituída) passando a vigorar a segunda*".

A substituição direta, em princípio, não opera se a vocação do substituído tiver chegado a concretizar-se, podendo dar lugar à transmissão do direito de aceitar.

A substituição direta pode fazer-se sem limite de grau, ao contrário do que acontece na substituição fideicomissária[96]. Não funciona na sucessão legitimária (arts. 2077º e 2156º do CC). Pode ser singular (arts. 2281º e 2285º do CC), plural (arts. 2282º e 2285º do CC) ou reciproca (arts. 2283º e 2285º do CC). E, de acordo com o número 1 do artigo 2285º do Código Civil, que estende as disposições da subsecção em causa aos legados, a substituição direta também se aplica aos legatários.

2.3. Direito de acrescer

O instituto do direito de acrescer[97] visa regulamentar a hipótese de dois ou mais herdeiros terem sido instituídos na totalidade ou numa quota dos bens, fosse ou não conjunta a instituição, e algum deles não poder ou não querer aceitar a herança. Para esta hipótese, o artigo 2301º do Código Civil dispõe que a parte do que não pôde ou que não quis aceitar a herança vai acrescer à dos outros herdeiros instituídos na totalidade ou na quota.

Também há direito de acrescer entre os legatários que tenham sido nomeados, seja ou não conjunta a nomeação, em relação ao mesmo objeto (art. 2302º do CC).

Entre herdeiros e legatários entende-se que não há direito de acrescer. Porém, há quem considere[98] que o artigo 2306º do Código Civil prevê um direito de acrescer de legatários sobre herdeiros. Exemplificando: O autor da sucessão instituiu A e B seus herdeiros testamentários, em partes iguais. A metade da herança a favor de A foi feita com o encargo deste entregar determinado bem ou determinada quantia a um legatário X. A repudia a herança com o encargo, e esta acresce a B. B aceita a metade da herança de que beneficia por força da deixa testamentária mas repudia a parte que lhe cabe de A por direito de acrescer. Então, de forma a que o legado seja cumprido, a parte repudiada reverte/acresce ao legatário a favor de quem o encargo foi constituído.

O direito de acrescer não tem lugar se o testador tiver disposto outra coisa; se o legado tiver natureza puramente pessoal; se se verificar uma substituição direta;

[96] Cfr. Oliveira Ascensão, *ob. cit.*, p. 181.

[97] Instituto que não se limita ao Direito das Sucessões. Veja-se a título de exemplo o direito de acrescer previstos nos artigos 419º, 1241º e 1442º do Código Civil.

[98] Carvalho Fernandes, *ob. cit.*, p. 227; Pires de Lima e Antunes Varela, *Código Civil Anotado*, vol. VI, p. 482.

uma transmissão do direito de aceitar; ou se houver direito de representação (art. 2304º do CC).

A ordem sucessória definida pelo direito de representação prevalece, pois, sobre a que resulta do direito de acrescer. Só serão chamados, por força do direito de acrescer, os sucessíveis subsequentes, se não houver quem suceda nos quadros do direito de representação.

2.3.1. *Natureza jurídica do direito de acrescer. Direito de acrescer e direito de não decrescer*

O direito de acrescer, tanto na sucessão legal (arts. 2137º, nº 2, e 2157º do CC) como na sucessão testamentária (arts. 2301º a 2307º do CC), é um verdadeiro *direito de não decrescer.*

O herdeiro, na sucessão legal e na testamentária, é chamado à totalidade da herança. Só a presença de outros herdeiros comprimirá o seu direito, limitando-o a uma quota da herança. Desaparecido o co-herdeiro, o herdeiro vê o seu direito descomprimido, vindo a receber a outra quota por força do título que já lhe pertencia. Não se trata, pois, de um novo chamamento sucessório, mas de simples funcionamento da vocação já existente.

O direito de acrescer é, pois, um direito de não decrescer.

O mesmo se pode dizer da vocação do legatário co-sucessor em relação ao mesmo objeto.

A conceção que acabámos de expender é a que melhor se quadra com a maneira de ser da instituição de herdeiro. E a que parece consagrada no Código Civil.

Com efeito, a aquisição da parte que acresce faz-se por força da lei, sem necessidade de aceitação do beneficiário (art. 2306º do CC). Como a aceitação tem efeito constitutivo, não se operando a aquisição dos bens sem ela, o facto de os bens acrescidos se adquirirem sem necessidade de aceitação, significa que a vocação e a aceitação anterior produzem os seus efeitos, potencialmente, em relação à totalidade da herança, compreendida a parte que vem a acrescer.

No mesmo sentido impõe-se a impossibilidade de o sucessor repudiar só a parte acrescida (a não ser no caso de recaírem sobre esta encargos especiais impostos pelo testador) (art. 2306º do CC).

Bibliografia:

Pereira Coelho, *ob. cit.*, págs. 116 a 147; Oliveira Ascensão, *ob. cit.*, págs. 175 a 258.

Lição XI

Conteúdo da Vocação Sucessória e Objeto da Devolução Sucessória

Introdução

A presente lição divide-se em duas partes fundamentais.

Na primeira referiremos o conteúdo da vocação sucessória. Ou seja, os direitos e, eventualmente, as obrigações que são atribuídos no momento e por força da vocação.

A posição jurídica do chamado é integrada pelo direito de aceitar ou repudiar a herança. Mas não pelos bens que integram a herança. Estes bens são devolvidos ao chamado por força da aceitação da herança, que tem eficácia constitutiva.

A segunda parte introduz o conjunto de bens que são devolvidos (que podem ser devolvidos) ao chamado por força da aceitação.

1. Conteúdo da vocação sucessória

1.1. Posição jurídica atribuída ao chamado

Quanto ao conteúdo da vocação sucessória, ou seja, a posição jurídica atribuída ao chamado por efeito do chamamento, têm sido tomadas duas posições: a da aquisição "*ipso iure*" e a da aquisição mediante aceitação.

Segundo a doutrina da aquisição "*ipso iure*", o chamado adquire os bens por efeito da vocação; passando a ser titular dos direitos e obrigações que pertenciam ao "*de cuius*". A aceitação, sempre necessária, tem um efeito meramente confirmativo; o aceitante consolida definitivamente os seus direitos, renunciando a repudiá-los. Os bens entraram pela porta aberta da esfera jurídica do sucessor; este, ao aceitar, limita-se a fechar essa porta sobre os bens, confirmando definitivamente a presença dos bens nessa esfera jurídica.

O repúdio faz sair do património do sucessor os bens que aí tinham entrado.

Para a doutrina da aquisição mediante aceitação, esta última tem efeito constitutivo. A aquisição sucessória dá-se por força da aceitação. Com a vocação, o chamado adquire unicamente o direito de aceitar (ou de repudiar) os direitos e obrigações do "*de cuius*"; que são adquiridos só com a aceitação. Antes desta, os bens estão à entrada da esfera jurídica do sucessor, só entrando nesta mediante aceitação. Nestes termos, o repúdio não tem o sentido de rejeição da esfera jurídica do sucessor de direitos que já aí tinham entrado, mas só o de impedir a entrada dos bens nessa esfera jurídica consolidando a sua estraneidade.

É esta a doutrina que resulta do artigo 2050º, número 1, do Código Civil, segundo o qual o domínio e posse dos bens da herança se adquirem pela aceitação.

Ao acrescentar que o domínio e posse dos bens se adquirem sem necessidade da sua apreensão material, o artigo 2050º do Código Civil permite que a posse se transfira independentemente do "*corpus*", pelo simples facto do ato jurídico da aceitação.

As consequências práticas das duas doutrinas não são tão diversas como poderia supor-se, dado que, tendo a aceitação aquisição retroativa, a eficácia dos bens sempre se opera juridicamente no momento da abertura da sucessão. Contudo, algumas consequências práticas sempre existem. A uma delas já me referi a propósito da transmissão do direito de aceitar ou de repudiar a herança.

Referi, na altura, que os bens eram transmitidos, do "*de cuius*" para os transmissários, sem passarem pelo património do transmitente. Este ponto de vista só é possível (ou é, pelo menos, mais fácil) com base numa conceção da aceitação como ato constitutivo. Como o transmitente não chegara a aceitar, não chegara a adquirir os bens – que, assim, passam do "*de cuius*" para os transmissários, nunca tendo penetrado na esfera jurídica do transmitente.

Para além do direito de aceitar ou repudiar a herança, são também atribuídos ao sucessor poderes de administração dos bens (art. 2047º, nº 1, do CC), se não for nomeado um curador à herança jacente (art. 2048º do CC).

1.2. Caracterização do direito de aceitar ou de repudiar

O direito de aceitar ou repudiar a herança que constitui o (principal) conteúdo da vocação sucessória, é um direito *potestativo*; que o sucessor exercerá se quiser ver ingressar na titularidade dos direitos e obrigações que integram a sua parte hereditária. Os bens são colocados à disposição do sucessor que exercerá tal direito potestativo para os adquirir.

Trata-se de um direito *originário*, pois não existia, enquanto tal, na esfera jurídica do "*de cuius*".

É um direito *atual* não se traduzindo numa simples expectativa, como é a posição jurídica do designado; é *instrumental*, um meio dirigido à aquisição dos bens; *temporário*, pois é estabelecido um prazo para o seu exercício.

2. Objeto de devolução sucessória

2.1. Princípio geral

Uma vez aceite a herança, são devolvidos ao sucessor direitos e obrigações.

O problema que se põe é o de saber quais os direitos transmissíveis "*mortis causa*", e quais não o são; quais os que constituem o objeto da devolução sucessória.

O artigo 2025º do Código Civil estabelece o princípio geral nesta matéria: só não constituem objeto de sucessão as relações jurídicas que devem extinguir-se por morte do respetivo titular, em razão da sua natureza ou por força da lei, podendo também extinguir-se, por vontade do seu titular, os direitos renunciáveis.

A intransmissibilidade pode ser, assim, *negocial, natural,* ou *legal.*

2.2. Classes de intransmissibilidade

2.2.1. *Intransmissibilidade natural*

Não se transmitem, "naturalmente", os direitos pessoais tão intimamente ligados à pessoa do seu titular, tão constituídos à medida dessa pessoa, que não é possível virem a ser adquiridos por outrem.

Incluem-se aqui os direitos da personalidade e os direitos familiares pessoais. Também se inserirá aqui o direito de pedir o divórcio ou a separação de pessoas e bens.

Há que sublinhar, a este propósito, o seguinte.

O estado familiar não se perde necessariamente pelo falecimento de um dos titulares da relação jurídica. Assim, Carlos, filho de Joaquina, terá sempre este estado, mesmo que Joaquina faleça. Já, porém, o estado de casado desaparece pelo falecimento de um dos cônjuges.

Mais importante é a circunstância de os direitos da personalidade, embora intransmissíveis, não se extinguirem completamente com a morte do seu titular.

O direito moral de autor, impedindo adulterações da obra; o direito ao bom nome, o direito à integridade física, etc., persistirão, embora de modo evanescente; surgirão, mesmo, outros, como o direito à sepultura. Direitos que continuam pertencendo ao "*de cuius*", embora devendo ser exercidos, em benefício deste, pelos seus herdeiros.

Este ponto será desenvolvido a propósito do momento do nascimento da personalidade jurídica e da transmissibilidade do direito de indemnização pelo dano da morte.

2.2.2. *Intransmissibilidade legal*

Múltiplos direitos são ineriditáveis por força da lei. Esta entende que são direitos criados em atenção à pessoa do seu titular, pelo que não se devem transmitir. Embora o seu carácter patrimonial permitisse, em princípio, a sua transmissibilidade "*mortis causa*".

São eles, o direito de alimentos (e a obrigação de os prestar) – artigo 2013º do CC; os direitos de usufruto – artigo 1476º do CC; os direitos de uso e habitação – artigos 1485º e 1490º do CC; o direito do titular de uma renda vitalícia – artigo 1238º do CC; o direito e a obrigação de preferência convencional – artigo 420º do CC; etc..

Alguns autores[99] admitem a transmissão de situações jurídicas não patrimoniais tais como: os direitos de personalidade (arts. 71º, 73º, 76º, nº 2, 77º e 79º do CC), o direito de intentar ou prosseguir ações de filiação (arts. 1818º e 1873º do CC), os direitos morais de autor (arts. 56º e 57º do Código do Direito de Autor e dos Direitos Conexos) etc. Outros[100] consideram estes direitos pessoais intransmissíveis, por se tratar de direitos que não são idênticos aos do autor da sucessão. E, o artigo 2024º do Código Civil prevê expressamente o "*chamamento de uma ou mais pessoas à titularidade das relações jurídicas patrimoniais*" (sublinhado nosso).

2.2.3. *Intransmissibilidade negocial*

Os direitos renunciáveis não se transmitirão por morte se tal for a vontade do seu titular.

Essa vontade pode ser manifestada em negócio jurídico "*inter vivos*" (nomeadamente no ato constitutivo do direito) ou em testamento.

Bibliografia:

Pereira Coelho. *ob. cit.*, págs. 46 a 52.

99 Galvão Telles, *ob. cit.*, pp. 73-74; R. Capelo de Sousa, *ob. cit.*, pp. 309-311.

100 Oliveira Ascensão, *ob. cit.*, pp. 239-243; Pamplona Corte-Real, *ob. cit.*, pp. 40-43; Jorge Duarte Pinheiro, *ob. cit.*, pp. 31-33.

Lição XII

Objeto da Devolução Sucessória Hereditabilidade do Direito de Indemnização

Introdução

O principal problema que surge em matéria de objeto da devolução sucessória é o da hereditabilidade do direito de indemnização. Direito de indemnização por danos patrimoniais e por danos não patrimoniais, sobretudo no que se refere a estes últimos. E, no quadro dos danos não patrimoniais, assume particular relevo o problema da indemnizabilidade do dano da morte e da hereditabilidade da sua indemnização.

Portanto, na exposição seguinte, que compreende esta lição e a subsequente, ocupar-nos-emos especialmente da indemnizabilidade e da hereditabilidade da indemnização do dano da morte; problema do maior interesse teórico, na medida em que exige delicada construção técnica; mas também fundamental para o tecido social contemporâneo.

1. Indemnizabilidade dos danos patrimoniais e não patrimoniais e hereditabilidade do respetivo direito

1.1. Indemnizabilidade dos danos patrimoniais e hereditabilidade do respetivo direito

A hereditabilidade do direito de indemnização por danos patrimoniais não suscita, nem tem suscitado, qualquer espécie de dificuldades. Isto, quer se trate de danos patrimoniais diretos, resultantes da ofensa a bens patrimoniais, quer se trate de danos patrimoniais indiretos, provenientes da ofensa de bens não patrimoniais. Em qualquer caso, trata-se de relações jurídicas patrimoniais do falecido que, por força do artigo 2024º do Código Civil, se transmitem aos respetivos herdeiros.

1.2. Indemnizabilidade dos danos não patrimoniais e hereditabilidade da respetiva indemnização

A indemnizabilidade dos danos não patrimoniais também hoje não levanta qualquer dúvida nos quadros do ordenamento jurídico português. Não vou desenvolver esta matéria, por pertencer ao Direito das Obrigações e ser bem conhecida.

Já a hereditabilidade do direito de indemnização por danos não patrimoniais tem levantado algumas objeções, a meu ver infundadas.

Não me parece que possa oferecer quaisquer dúvidas a possibilidade de os herdeiros do falecido continuarem a ação proposta por este em vida, para obter a indemnização pelos danos não patrimoniais que tenha sofrido. Trata-se de um direito de carácter estritamente patrimonial, cujo exercício pertence naturalmente aos sucessores do "*de cuius*".

Também não me parece duvidoso que os herdeiros da vítima possam intentar à ação de indemnização por danos não patrimoniais. O direito de indemnização por danos não patrimoniais tem conteúdo patrimonial, é o direito de exigir o pagamento de uma certa quantia em dinheiro. Não se vê motivo para que este direito não integre as relações jurídicas patrimoniais do falecido, que se transmitem por sua morte.

Portanto, não só os danos não patrimoniais são indemnizáveis, como o direito à sua indemnização é transmissível "*mortis causa*", quer a respetiva ação tenha sido proposta pelo "*de cuius*", quer não.

2. O problema da indemnizabilidade do dano da morte, e da hereditabilidade do respetivo direito de indemnização

2.1. A indemnizabilidade do dano da morte

2.1.1. *A vida*

O problema da indemnizabilidade do dano da morte[101] tem como pressuposto a definição deste dano: a morte como perda da vida. Portanto, há que começar pela definição da vida[102].

Depois de ter perdido uma perna e uma parte das suas capacidades intelectuais e das suas funções – mesmo se tiver perdido todos os membros e todos os sentidos, mesmo em coma profundo – a vítima tinha algo mais a perder, aquilo por que os seus médicos ainda lutavam: a vida. Mesmo quando o ser humano é tratado

[101] A morte é, sem sombra de dúvida, um dano não patrimonial. Vd., neste sentido, Menezes Cordeiro, *Tratado de Direito Civil Português*, II, *Direito das Obrigações*, Tomo III, Almedina, 2010, p. 518.

[102] A tutela do direito à vida encontra-se consagrada no nº 1 do art. 24º da CRP que estatui que *"A vida humana é inviolável"*; No nº 2 do mesmo artigo que prevê que *"Em caso algum haverá pena de morte"*; O nº 1 do art. 70º do Código Civil prevê que *"A lei protege os indivíduos contra qualquer ofensa ilícita ou ameaça de ofensa à sua personalidade física ou moral"*; No Código Penal é tutelado o direito à vida (art. 131º e ss. e art. 32º); O art. 3º da Declaração Universal dos Direitos do Homem, de 10 de Dezembro de 1948, bem com o art. 2º da Convenção Europeia dos Direitos do Homem, de 4 de Novembro de 1950, também consagram o direito à vida de cada indivíduo.

como uma máquina que se monta e desmonta, de que se pode retirar e substituir qualquer peça, a sua vida não se reduz ao conjunto composto por estas peças.

Decomponhamos o homem com o fim de distinguir, nas suas profundezas, a sua vida. Recomponhamo-lo para compreender o que é a sua vida no conjunto, o que ele é.

A noção de vida como organização e organismo está presente em Leibniz: "*assim qualquer corpo orgânico de um ser vivo é uma espécie de máquina divina...*" cuja unidade, estrutural e funcional, pressupõe a alma, a organização. A alma é informante, princípio imanente de informação, necessária para que o corpo desempenhe as suas funções (Aristóteles), mesmo se só aparece através do corpo, alimentando-se através das energias que este lhe oferece numa unidade substancial indecomponível. A forma humana, pelas suas atividades intelectuais, é um excedente sobre a matéria. Esta "*forma excedente*" é o fundamento da pessoa e confere-lhe a sua transcendência. O ser organizado supõe uma energia organizadora da matéria, energia diferente da simples força motriz. O corpo orgânico não é simplesmente organizado, é auto-organizador. As modernas teorias da termodinâmica e da informação trazem novos elementos neste sentido. A teoria da informação aliada à biologia molecular e à genética, descreve o organismo em termos de auto-organização.

O homem, oculto pela mais longínqua barreira do ser, é esta forma excedente, esta auto-organização que é a "sua razão de ser", que é "o ser". É, à primeira vista, esta "forma" esta vida, humana, igual em todos os homens, que faz com que cada um, reconhecendo-se um valor infinito, se reconheça em todos os outros.

É, assim, possível, isolar um ser humano, um ser vivo, ser puro e abstrato que se impõe intemporalmente como imperativo moral não circunstancial. Imperativo que se traduz juridicamente, e se objetiva positivamente, no direito de cada um a viver, e no dever de todos os outros de respeitar essa vida. Em virtude do princípio geral da ordem que rege todo o Universo, cada homem é ordenado por natureza para viver com todos os outros homens e para formar com eles um todo social único. Jamais uma parte atinge a perfeição fora do todo. Deste modo, cada um deve respeitar os outros (São Tomás de Aquino). Mesmo se o "eu sou" existe antes do "ele é", o "eu sou" implica intrinsecamente uma referência à pessoa de outrem, o que constitui a coesão social e permite o estabelecimento de um projeto, através do qual o respeito de cada um é reconstituído, e sem o qual "*o inferno são os outros*" (Sartre).

2.1.2. *O direito ao respeito da vida*

O direito à vida será, portanto, prévio em relação à sociedade, mas será, subsequentemente, reconstituído social e juridicamente. Reconstituído pela própria formação da sociedade. "Eu sou" precede "ele é", mas só tem sentido com referência a este último. Mas, como a condição primeira da organização social é a ausência de violência no interior do grupo, sobretudo de violência entre as pessoas, o "ele é" pressupõe o respeito do "eu sou". A fonte do direito é o dever.

Consequentemente, o direito ao respeito do ser não é apenas uma concessão do Estado. A norma jurídica que se lhe refira não é mais do que o *reconhecimento* de um direito.

De qualquer modo, o respeito da vida só é jurídico desde o momento em que é reconhecido por uma norma jurídica. Norma que é *necessariamente* a primeira norma social, escrita ou não. A sociedade não pode *ser* sem que haja uma repartição prévia das coisas que pertencem a cada um: a primeira é a vida. Esta partilha é a ordem. O homem vê a partir daqui institucionalizado o lugar que lhe cabe na ordem universal.

A individualidade e a sociabilidade do homem aparecem, pois, reconstituídas no mesmo conjunto. Aristóteles afirmava que o homem não é um animal solitário; é feito para associação com os que são naturalmente seus parentes, é um animal social; é na casa de morada que se encontram, desde logo, os preceitos e as fontes da amizade, do Estado e da Justiça.

Mas, antes de ser social, o homem é singular – homem-fora-do-mundo. Não se pode recusar humanidade ao bárbaro, à criança-lobo e ao homem em coma profundo. Excluído da sociedade, o homem mantém-se totalmente um ser humano. A personalidade não depende de um estatuto social – ao contrário do que sucedia para os gregos, para quem o homem se integrava num contínuo Deus – natureza – cidade – homem. O Cristianismo libertou o homem da natureza (e da cidade), sem, contudo, o transformar em eremita.

A Vida Humana é, pois, um bem anterior ao Direito, que a ordem jurídica deve integrar. Assim o fazem, tanto a Constituição como as leis ordinárias de Portugal e dos outros Estados que consagram, ao menos em princípio, o direito ao respeito da vida.

Sendo um direito ao respeito da vida, não se trata de um direito à vida, no sentido do direito a uma prestação. A vida não é uma concessão da sociedade, uma prestação do Estado.

Também não se trata de um direito de uma pessoa sobre si mesma, sobre a sua vida. Savigny não admite a existência de um direito sobre si próprio, por este direito permitir ao seu titular dispor de si mesmo, e acabar por legitimar o suicídio. A vida não é o domínio da vontade livre. A exclusão de toda e qualquer vontade estranha ao titular do direito, não se faz – como, por exemplo, no direito de propriedade – para assegurar a fruição do titular do direito. A vida exige que o próprio titular do direito a respeite. A exclusão de terceiros só se opera para assegurar a existência de um domínio onde nenhuma vontade é soberana.

O direito à vida é, repito, um direito ao respeito da vida perante as outras pessoas. É um direito "*excludendi alios*" e só nesta medida é um direito. É um direito a exigir um comportamento negativo dos outros. Eis o único conteúdo do direito à vida – expressão incorreta, mas que não rejeito, por causa da sua tradição.

Atentar contra o direito ao respeito da vida produz um dano – a morte – superior a qualquer outro no plano dos interesses da ordem jurídica.

2.2. O dano da morte

A morte é, de acordo com o referido anteriormente, a destruição da vida, entendida em termos de auto-organização do ser humano.

O momento da morte deve ser analisado por médicos e biólogos que dirão quando terminou a auto-organização do ser humano, e se iniciou um processo irreversível de desorganização e de degradação. Creio que, atualmente, se entende que há morte quando se produziram danos irreversíveis no cérebro.

Contudo, a noção de morte é uma noção jurídica, também. Para efeitos jurídicos, há um segundo nível do tratamento do fenómeno que o faz referir a valores individuais e sociais. Assim, o momento da morte, para defesa da pessoa humana e da ordem social, não podendo ser anterior ao da morte biológica, pode ser posterior, nomeadamente por razões de certeza e de segurança.

Bibliografia:

Diogo Leite de Campos, *A indemnização do dano da morte,* Coimbra, sep. B.F.D.C., 1974; id., *A vida, a morte e a sua indemnização,* Lisboa, sep. B.M.J., 365; id., "Plaidoyer pour la vie: l'indemnisation du dommage de la morte", *Archives de Philosophie du Droit,* 32, Paris, 1987.

Lição XIII

Indemnização do Dano da Morte. Hereditabilidade da Indemnização do Dano da Morte

1. Indemnizabilidade do dano da morte

1.1. Indemnizabilidade do dano da morte "*de iure constituendo*"

O dano da morte é o prejuízo supremo, a lesão de um bem superior a todos os outros. Mas esta própria característica se, por um lado, impõe terminantemente a sua indemnização, pelo outro lado pode determinar a recusa dessa mesma indemnização.

Trata-se de um dano não mensurável, na medida em que a vida não é comparável a qualquer outro bem tendo um valor conhecido que possa constituir a sua contrapartida. Ao mesmo tempo, este dano incomensurável seria idêntico para todas as pessoas: não é possível afirmar que a vida de Pedro vale mais para este, do que a vida de João para o seu titular. E, se valesse, não seria possível estabelecer diferenças quantitativas. Deste modo, o montante da indemnização seria entregue ao arbítrio do juiz, este desprovido de qualquer critério diretivo.

A certeza do direito estaria gravemente posta em causa.

Por outro lado, se parece discutível, nos outros danos não patrimoniais, a compensação das dores e dos sofrimentos morais da vítima através de somas pecuniárias destinadas a assegurar satisfação equivalente (discutível, mas não recusável); parece ainda menos justo que a reparação de algo tão pessoal como a vida reverta *necessariamente* em benefício de outra pessoa – pois, surgindo o direito à indemnização depois da morte, esta indemnização tem de reverter necessariamente a favor dos herdeiros do falecido.

Não se vê que interesses esta "indemnização" vai satisfazer. Não vai preencher uma lacuna no património do "*de cuius*" como o faz a indemnização-reintegração dos danos patrimoniais. Não compensará, porque não pode, o dano não patrimonial do "*de cuius*" com outras satisfações obtidas através do dinheiro, como é o caso, em geral, da indemnização dos danos não patrimoniais.

No quadro de uma responsabilidade civil tão profundamente moldada pela estrutura dos dados patrimoniais que o próprio conceito de dano não leva em conta senão estes últimos, as dificuldades em medir os danos não patrimoniais e as incertezas no que se refere ao fim e à eficácia da indemnização, são agravadas no âmbito do dano da morte.

Já que não é possível encontrar a justificação de uma compensação, triplamente impossível, do dano da morte, qual será o fundamento da indemnização?

A lesão de um direito absoluto, como o direito ao respeito da vida, deve implicar a indemnização do dano sofrido[103]. Não se compreende que seja precisamente a lesão do bem supremo, da vida, que esteja desprovida de indemnização. Tanto mais que a solução contrária constituiria um incitamento ao homicídio, às lesões capazes de provocar a morte imediata. O autor da agressão estaria em melhor situação (economicamente falando) no caso de morte imediata da vítima, do que quando a morte é diferida no tempo, ou só há lesões corporais[104]. Na primeira hipótese, não seria obrigado a indemnizar, enquanto que, nos outros casos, deveria indemnizar os danos sofridos pela vítima enquanto viva. E, contudo, quando a morte é imediata a agressão é normalmente mais grave, envolvendo uma necessidade jurídica acrescida de indemnização.

Poder-se-ia opor a este discurso que a responsabilidade civil teria, então, aqui, uma função preventiva e repressiva que é típica da responsabilidade criminal. Esta seria suficiente para desencorajar os agressores eventuais e para assegurar a sua punição. O homicídio é punido pelo direito criminal mais severamente que as simples lesões corporais; e a morte imediata, sendo, em geral, produzida por uma agressão eticamente mais censurável do que a que causa a morte diferida no tempo, e traduzindo uma personalidade menos adaptada aos valores jurídicos, será também sujeita a uma pena mais severa.

Pode responder-se a este raciocínio que uma parte dos homicídios é provocada por mera negligência (é o caso dos acidentes automóveis) o que implica penas criminais leves. O reforço da indemnização terá um sentido preventivo e pedagógico, levando os autores dos danos a tentar preveni-los.

Por outro lado, uma pena exclusivamente criminal justifica-se quando o facto envolve um dano exclusivamente social e não um dano privado. No caso de um homicídio, há (também) um dano privado que deve ser indemnizado. Isto, não só na ótica do "devedor" que produziu um dano que deve reparar, mas também na perspetiva do credor que sofreu um dano que pretende ver indemnizado – mesmo se esta compensação é muito limitada e muito rudimentar.

[103] Vd. nesse sentido, Ac. STJ de 17-03-1971, *BMJ* 205º, pp. 150 e ss.; Galvão Telles, *Direito das Sucessões – Noções Fundamentais*, Coimbra Editora, 1991, p. 96; R. Capelo de Sousa, *ob. cit.*, vol. I, p. 319.

[104] Segundo Pereira Coelho, "*Se este dano não fosse indemnizável o autor da lesão ficaria em melhor situação no caso de morte instantânea do que quando a morte não resultasse imedia-tamente da lesão: além nada indemnizaria, ao passo que aqui teria que reparar os prejuízos que a vítima sofresse antes de falecer. E, todavia, quando a morte é imediata a lesão será normalmente mais grave.*" (*ob. cit.*, p. 70).

A indemnização das ofensas à vida será um passo na via da juridicialização total do bem vida, da sua integração prática na ordem jurídica.

Esta solução viria também assegurar a prevenção e a repressão das agressões à vida em sociedades nas quais há, em diversos domínios, um desprezo prático da vida humana que é preciso combater através da proteção prática dessa mesma vida.

Tanto mais que o direito criminal se "desprivatiza" para se "publicizar". O aspeto de compensação que a pena teve outrora – marcado, nomeadamente, pelo seu carácter de compensação pecuniária e de retribuição ética – é abandonado em benefício da sua função de instrumento de restabelecimento de uma ordem social desfeita, na qual a personalidade do agente adquire um peso crescente.

A função tradicional de compensação da pena criminal deve ser recuperada pelo direito privado ao serviço das suas finalidades específicas.

As dificuldades da indemnização – que, vista a natureza do dano, não poderá ser mais do que uma vaga compensação – não devem fazer recuar diante do falso idealismo que deixa danos sem indemnização por causa das dificuldades inerentes à avaliação dessa indemnização. Indemnização que, na circunstância histórica, permitirá uma mais completa consideração jurídica da vida, no caminho para uma maior justiça.

1.2. A indemnização do dano da morte "*de iure constituto*"

O legislador português terá sido sensível a esta ordem de razões, prevendo expressamente, no artigo 496º do Código Civil, a indemnizabilidade do dano da morte.

Assim, no número 1 do artigo 496º do Código Civil fixa-se a regra geral da indemnizabilidade dos danos não patrimoniais que, pela sua gravidade, mereçam a tutela do Direito.

Mesmo que nada mais dispusesse, no artigo 496º, deveria entender-se que estava aqui prevista a indemnizabilidade do dano da morte que é, sem dúvida, um dano que pela sua gravidade merece a tutela do direito; acabei de o demonstrar.

Mas o artigo 496º não fica por aqui. No número dois refere-se expressamente à morte da vítima, fixando que (por morte desta) o direito à indemnização por danos não patrimoniais cabe a certas pessoas (cônjuges não separados de pessoas e bens, e filhos e outros descendentes). Esta disposição não se quer referir, evidentemente, à indemnização pelos danos não patrimoniais sofridos pelo "*de cuius*" enquanto vivo; o direito a esta indemnização tem "normal" conteúdo patrimonial (embora se trate de dano indireto) e transmitem-se sucessoriamente como qualquer outro direito de conteúdo patrimonial. Nem se vê razão para se estabelecer, quanto a ele, uma ordem especial de sucessíveis. Não.

O dano referido no número 2 é seguramente outro dano: o dano não patrimonial sofrido pela vítima com a sua morte. Quanto a este, dado o seu carácter extremamente pessoal, muito íntimo, já se compreende que não seja tratado como qualquer dano não patrimonial, mas se estabeleça uma ordem especial de sucessíveis, aquelas pessoas mais ligadas ao "*de cuius*", excluindo-se nomeadamente os herdeiros testamentários.

O número 3 vem reforçar este ponto de vista. Acentua que "*no caso de morte*", podem ser atendidos, não só os danos não patrimoniais sofridos pela vítima, como os sofridos pelas pessoas com direito a indemnização nos termos do número anterior. Distingue aqui, assim, o legislador, dois tipos de danos não patrimoniais: os danos não patrimoniais sofridos pela vítima – que só podem corresponder, nos termos da interpretação do número anterior, ao dano da morte; e os sofridos pelos parentes mais próximos, que são os danos não patrimoniais resultantes dos sofrimentos, das dores, das angústias com a morte do "*de cuius*". Assim, o número três vem desenvolver o número dois. Enquanto que, do número 2 se poderia retirar a conclusão de que só tem direito a indemnização o "*de cuius*", pelo facto do seu falecimento[105], pelo dano da sua morte; o número 3 vem precisar que podem ser atendidos também os danos não patrimoniais sofridos pelos seus parentes mais próximos.

Trata-se, a meu ver, da única interpretação razoável, ou pelo menos da mais razoável, de um artigo em si próprio obscuro. Mas do qual não se podem escamotear as consequências, impostas, como o referi, pelo imperativo de indemnizar o dano da morte. E indemnizá-lo à própria pessoa que o sofreu, ou seja, ao falecido[106].

1.3. O cálculo da indemnização

O imperativo moral e jurídico, de direito constituído e de direito a constituir, de indemnizar o dano da morte, deve ceder perante as dificuldades práticas do cálculo do montante da indemnização? A indemnização não deve ser aferida pelo custo da vida humana para a sociedade ou para os parentes da vítima, nem pelo seu valor para a sociedade e para os que dependem da vítima. Será aferida pelo valor da vida para a vítima, enquanto "ser".

[105] Neste sentido, vd. Galvão Telles, *Direito das Sucessões, ob. cit.*, pp. 96-97; Carvalho Fernandes, *ob. cit.*, p. 72; Acórdãos STJ de 14-05-2009 (proc.1496/02), de 7-07-2009 (proc. 205/07.3GTLRA.C1), de 13-01-2010 (proc. 277/01.4PAPTS.S1), in www.dgsi.pt.

[106] Segundo Pereira Coelho, *"Se este dano não fosse indemnizável o autor da lesão ficaria em melhor situação no caso de morte instantânea do que quando a morte não resultasse imediatamente da lesão: além nada indemnizaria, ao passo que aqui teria que reparar os prejuízos que a vítima sofresse antes de falecer. E, todavia, quando a morte é imediata a lesão será normalmente mais grave."* (*Direito das Sucessões, ob. cit.*, p. 70).

O prejuízo é o mesmo para todos os homens. Afirmei-o e justifiquei-o. A indemnização deve ser a mesma para todos.

A indemnização deve ser medida por dois parâmetros: pela consideração de que a morte é o prejuízo supremo, envolvendo a desaparição do homem; pela finalidade (uma das finalidades...) desta reparação: não deixar o agressor numa situação patrimonial melhor do que a que teria se não fora a morte da vítima.

A perda do "bem" vida envolve a destruição de todos os outros bens da personalidade: o ser humano não fruirá mais dos prazeres dos sentidos, da razão, do movimento, dos sentimentos. A morte é um dano único que absorve todos os outros prejuízos não patrimoniais. O montante da sua indemnização deve ser, pois, superior à soma das reparações de todos os outros danos imagináveis. Este montante revelará praticamente que a morte é o dano supremo, superior a todos os outros. E o agressor estará numa situação pior do que se não tivesse cometido o homicídio.

Uma vez estabelecido o critério de fixação do montante da indemnização, é preciso enunciar diretivas mais concretas[107].

A análise da jurisprudência permitirá fixar o montante médio da indemnização que é (ou seria) concedida no caso de invalidez total (perda do movimento, dos sentidos, etc., mas capacidade de compreender o seu estado... e de sofrer com isso). A indemnização do dano da morte deve ser fixada sistematicamente a um nível superior – pois a morte é um dano acrescido, e isto tem de ser ressentido economicamente pelo culpado[108].

Não pensamos que, no quadro destas diretivas, o cálculo da indemnização do dano da morte[109] ponha problemas práticos superiores aos que são levantados pela indemnização dos outros danos não patrimoniais[110].

[107] A este propósito, veja-se os critérios e valores orientadores, para efeitos de fixação do valor da indemnização por dano morte, previstos na Portaria nº 377/2008 (atualizada pela Portaria nº 679/2009).

[108] Ac. STJ de 15-04-2009, proc. 08P3704: *"como é entendimento praticamente unânime, que a indemnização por danos não patrimoniais tem de assumir um papel significativo, devendo o juiz, ao fixá-la segundo critérios de equidade, procurar um justo grau de "compensação", não se compadecendo com atribuição de valores meramente simbólicos, nem com miserabilismos indemnizatórios"*. No caso concreto foi atribuída uma indemnização pelo dano morte no valor de 55.000 euros.

[109] Parece que *"Vem-se consolidando na jurisprudência o entendimento de que o dano pela perda do direito à vida – direito absoluto e do qual emergem todos os outros direitos – deve situar-se, com algumas oscilações, entre os € 50 000 e os € 80 000"* (Ac. STJ 18-06-2015, proc. 2567/09.9TBABF.E1.S1, relator Fernanda Isabel Pereira; in www.dgsi.pt).

[110] A determinação de indemnizações por danos não patrimoniais obedece a juízos de equidade. Assim, *"Não poderá deixar se ter-se em consideração que tal juízo de equidade das instâncias, alicerçado, não na aplicação de um estrito critério normativo, mas na ponderação das particularidades e especificidades do caso concreto, não integra, em bom rigor, a resolução de uma questão de direito, pelo que tal juízo prudencial e*

2. Hereditabilidade da indemnização pelo dano da morte. O enquadramento técnico-jurídico da indemnização e da sua hereditabilidade

Uma vez justificada, sob o ponto de vista da justiça, a indemnização do dano da morte, e demonstrada a "praticabilidade" da indemnização (pressuposto da sua aceitação de princípio pelos "práticos" do Direito) é preciso legitimá-la nos quadros da técnica jurídica – condição do seu acolhimento pelos "técnicos" do Direito.

À pretensão do reconhecimento de um direito de indemnização pela ofensa do direito à vida, opôs-se o obstáculo seguinte: como pode a vítima adquirir um direito de indemnização pelo dano da própria morte, se, com esta, a sua personalidade jurídica desaparece? O direito que se pretende ver adquirido pela vítima, só o pode ter sido depois da sua morte (pressuposto do direito à indemnização) momento no qual a vítima já não tem a personalidade jurídica para adquirir direitos. Se a vítima não adquiriu o direito, este não pode transmitir-se "*mortis causa*". Transmissão que constitui o destino inevitável de um direito que só aparece depois da morte do seu titular, para se transmitir imediatamente a outrem.

Este obstáculo, que parece impressionante numa primeira abordagem do problema, influenciou o tratamento jurídico do conjunto do problema. Não duvido que tenha desencorajado os legisladores de prever expressamente a obrigação de indemnizar a violação do direito à vida, e os autores e os tribunais de a impor na ausência de um texto. Contudo, penso ser possível utilizar os instrumentos técnicos existentes para fazer compreender e aceitar que alguém adquira um direito decorrente do facto da sua morte.

Depois do facto, há um dano que não é ainda a morte. É, contudo, um dano que conduzirá virtualmente à morte – dentro de dias ou de centésimos de segundo

casuístico das instâncias deverá, em princípio, ser mantido, salvo se o julgador se não tiver contido dentro da margem de discricionariedade consentida pela norma que legitima o recurso à equidade – muito em particular, se o critério adoptado se afastar, de modo substancial e injustificado, dos critérios ou padrões que generalizadamente se entende deverem ser adoptados, numa jurisprudência evolutiva e actualística, abalando, em consequência, a segurança na aplicação do direito, decorrente da necessidade de adopção de critérios jurisprudenciais minimamente uniformizados e, em última análise, o princípio da igualdade." (Ac. STJ de 21-01-2016, proc.1021/11.3TBABT.E1.S1, relator Lopes do Rego, in www.dgsi.pt).
Para além do critério da equidade, na determinação da indeminização por danos não patrimoniais, também há que atender ao princípio da igualdade, para não se perder de vista alguma objetividade na fixação dos critérios. Com efeito, os "*Tribunais não podem nem devem contribuir de nenhuma forma para alimentar a ideia de que neste campo as coisas são mais ou menos aleatórias, vogando ao sabor do acaso ou do arbítrio judicial. Se a justiça, como cremos, tem implícita a ideia de proporção, de medida, de adequação, de relativa previsibilidade, é no âmbito do direito privado e, mais precisamente, na área da responsabilidade civil que a afirmação desses vectores se torna mais premente e necessária, já que eles conduzem em linha recta à efectiva concretização do princípio da igualdade consagrado no art. 13º da Constituição*" (Ac. do STJ, de 31-01-2012, Proc. 875/05.7TBILH.CV1.S1, Rel. Nuno Cameira, in www.dgsi.pt).

– contendo a morte em potência, sendo como que uma antecipação desta. Suponha-se que alguém tomou um veneno contra o qual não há um antídoto.

Haveria, consequentemente, a partir do facto, um direito à indemnização pelo dano da morte[111]; direito sujeito, todavia, à condição suspensiva da verificação da morte.

A ordem jurídica (doutrina e jurisprudência) aceita facilmente a indemnização de danos futuros, de danos ainda não produzidos. Haveria um direito de indemnização cujo conteúdo ainda não estaria determinado. Direito que se transmitiria aos herdeiros do seu titular, depois do falecimento deste. Nesta medida, o dano será sempre pressuposto da responsabilidade civil.

Para os que não vêm outra possibilidade senão o "nascimento" do direito de indemnização depois da morte do titular do direito lesado, há outro meio de ultrapassar a aparente impossibilidade lógico-jurídica de resolver o problema. Entre a conceção e a morte, o ser humano é uma pessoa jurídica, por o direito se limitar a "adotar" a realidade biológica, integrando-a (com eventuais modificações) no mundo da cultura.

Quererá isto dizer que, antes da conceção e depois da morte, não há nada, para a natureza e para a cultura? Antes da conceção, há o amor entre os pais, e células, contendo um código, que vão dar lugar a um ser humano. Há também a necessidade de proteger uma pessoa futura, de garantir que o processo da sua formação não lhe provocará danos. A pessoa futura projetará, para o período de antes da conceção, os seus direitos, para se proteger.

A exemplo da personalidade jurídica que será, que exige uma proteção jurídica antes da morte, a personalidade jurídica que "foi" exige defesa para além da morte.

A morte não é um facto bruto, um fenómeno puramente biológico. A biografia humana prolonga-se para além da morte. A morte humana não é "precisamente" a morte biológica. É mesmo a morte que revela que o homem não é prisioneiro do espaço-tempo, separando-o do seu despojo corporal, única parte submetida ao tempo. A morte é a observância de um rito de despojamento do "eu" enquanto "ter". O homem, compreendido através das suas funções, desaparece no momento da morte. Mas, se for levado em conta o "ser" e não o "ter", a vida é também a morte.

[111] Como bem refere GALVÃO TELLES, "*O momento da morte é o último momento da vida. Se pois, um direito nasce ao tempo da morte, pode ainda ser adquirido pelo que falece, ingressando na sua esfera jurídica. Para alguém adquirir um direito inter vivos não é necessário que sobreviva ao facto determinante da aquisição; basta que ainda exista quando este se dá e entende-se que existe se o facto é contemporâneo da morte, se coincide cronologicamente com ela.*" (*ob. cit., Direito das Sucessões...*, p. 34).

A morte definitiva é uma ideia muito recente do racionalismo pessimista. O apagamento brutal e definitivo, no momento da morte, de todos os interesses subjacentes à personalidade jurídica, e a extinção de todos os direitos correlativos, representará um fenómeno contrário aos mundos da natureza e da cultura, e que prejudica os interesses protegidos pelos direitos da personalidade.

A flecha do tempo conduz a violência da causalidade a produzir efeitos para depois da morte.

A doutrina, os tribunais e as leis dão conta da permanência, depois da morte, de um certo número de interesses e dos direitos respetivos – direito à imagem, direito ao nome, direito à obra científica e literária etc.. Direitos que serão exercidos pelos parentes ou os herdeiros do falecido, em nome deste. Do mesmo modo que a indemnização recebida o é "*mortis causa*".

Segundo este raciocínio, penso que o direito de indemnização pelo dano da morte é adquirido pelo "*de cuius*" depois da sua morte. A defesa da personalidade jurídica exige uma constante defesa do direito à vida. Esta proteção envolve a obrigação de indemnizar a sua lesão. O direito correspondente deverá ser, na ordem natural das coisas, adquirido pelo próprio lesado. E porque não depois da sua morte? Eis um outro caso em que a proteção de um direito da personalidade se prolonga depois da morte, sem o que o direito à vida perderia uma parte da sua consistência prática.

Constitui, pois, dois instrumentos técnicos para a compreensão do fenómeno da aquisição pelo "*de cuius*", do direito de indemnização pela sua morte e da sua transmissão "*mortis causa*".

Em relação à transmissão "*mortis causa*" do direito de indemnização pela perda de vida, falta resolver uma outra questão: se o direito se transmite às pessoas referidas no número 2, do artigo 496º, do Código Civil, ou se a transmissão opera de acordo com o artigo 2024º, a favor dos herdeiros do "*de cuius*", tendo em conta as classes de sucessíveis do artigo 2133º.

Desde o acórdão do Supremo Tribunal de Justiça de 17 de março de 1971[112], tem-se entendido que o artigo 496º abrange três danos não patrimoniais: o dano de perda de vida ou dano da morte; o dano sofrido pelos familiares da vítima com a morte e o dano sofrido pelo lesado antes de morrer[113].

[112] *BMJ* 205, pp. 150 e ss.

[113] Como refere ABRANTES GERALDES, *Temas da Responsabilidade Civil*, II volume, *Indemnização dos Danos Reflexos*, 2ª Edição Revista e Actualizada, Almedina, 2007, "*Pondo de lado a velha polémica acerca da ressarcibilidade autónoma do dano-morte, mais concretamente, sobre a legitimação para a atribuição de uma indemnização correspondente à perda da vida, extrai-se do art. 496 o reconhecimento de que, em casos de morte, é reconhecido às categorias de familiares aí referidos, e pela ordem indicada, direito de indemnização envolvendo duas parcelas autónomas:*
– A indemnização pela perda da vida, como bem absoluto que, apesar de irrecuperável, deve ser compensado;

No que concerne ao dano sofrido pela lesado antes de morrer, o direito à indemnização é do lesado e, acabando por morrer, poderá ser transmitido "*mortis causa*" aos seus herdeiros legais ou testamentários, nos termos gerais (art. 496º, nº 1 e arts. 2024º ss. do CC). Este direito à indeminização, que resulta de danos sofridos ainda em vida, pode ser considerado, à data da morte, uma relação jurídica patrimonial do "*de cuius*", objeto da sucessão, portanto, transmissível nos termos gerais. Porém, se houver uma relação intrínseca entre o dano-sofrimento e o dano-morte, como o número 2 do artigo 496º alude ao direito à indemnização "por danos não patrimoniais", sem quaisquer limitações ou restrições, abrangendo todos os danos originados "por morte da vítima", e o número 4 refere que "no caso de morte" podem ser atendidos os danos "sofridos pela vítima" como os sofridos pela pessoas referidas no número 2, então, mesmo os danos sofridos pela vítima antes da morte devem ser transmitidos aos familiares indicados no número 2 do artigo 496º do Código Civil. Ou seja, o chamamento à titularidade desses direitos não se fará segundo as regras do direito sucessório[114].

Em relação aos danos sofridos pelos familiares da vítima, estes podem ser encarados como "reflexos", "indiretos" ou "por ricochete", no sentido de serem danos provocados numa esfera jurídica cujos direitos subjetivos ou interesses legalmente protegidos não são atingidos. Em princípio, com fundamento no artigo 483º, número 1, do Código Civil, apenas os danos diretos poderão ser indemnizados. O mesmo será dizer que os familiares da vítima, daquela que foi diretamente lesada, não têm direito a uma indeminização pelo sofrimento causado pela morte[115]. Ora, a figura do dano existencial[116] tem sido convocada como fundamento à indemnização do dano não patrimonial sofrido pelos familiares da vítima. A família é atingida no seu Ser, enquanto Ser familiar, com a morte de um dos seus membros e é nessa qualidade que sofre pela morte, que sofre na sua existência, ao perder qualidades. A jurisprudência também tem vindo a admitir

– E a indemnização pelos danos morais que a morte de alguém é susceptível de provocar naqueles familiares".

[114] A titulo exemplificativo, veja-se o Ac. do STJ, de 22-06-2010, Proc. 3013/05.2TBFAF.G1.S1, Rel. Alves Velho (in www.dgsi.pt) onde se pode ler que "*O direito a compensação por danos não patrimoniais sofridos pela vítima, e por si não reclamados antes da morte, cabe às pessoas eleitas pelo legislador de entre as ligadas por certas relações familiares ao falecido, mediante uma transmissão de direitos da personalidade extinta, nos termos da indigitação feita no nº 2 do art. 496º e pela ordem aí indicada, transmissão que não corresponde a um chamamento à titularidade desses direito segundo as regras do direito sucessório.*" Note-se que no caso o direito à indeminização não foi exercido pelo próprio lesado antes da morte, havendo claramente esta relação de dependência entre o sofrimento da vítima e a sua morte.

[115] No sentido de que apenas são passíveis de tutela os danos não patrimoniais sofridos pelo próprio ofendido, vd. Ac. STJ, de 2-11-1995, *BMJ*, nº 451, p. 39; Antunes Varela, em anotação ao acórdão do STJ, de 25-05-1985, *RLJ*, Ano 123, p. 281.

[116] M. Carneiro da Frada, *Nos 40 anos do Código Civil português – Tutela da personalidade e dano existencial*, Themis, 2008.

a indeminização dos familiares pelo dano sofrido em caso de morte[117] ou simples lesão corporal[118]. Mas esta discussão não cabe no âmbito do direito das sucessões.

Em relação à indeminização pelo dano da morte e à sua transmissão "*mortis causa*" existem três teses em confronto.

Para a primeira, o direito à indemnização é adquirido direta e originariamente pelas pessoas referidas no número 2, do artigo 496º, não integra o património da vítima, contrariamente ao que sustentámos, e por isso não haverá lugar à transmissão sucessória[119].

[117] Vd. Ac. TRC, de 26-10-1993, CJ, ano XVIII, T. IV, p. 69, que julgou os danos sofridos pelos familiares como danos indemnizáveis, compensáveis, nestes termos: "*A indemnização dos danos não patrimoniais, prevista no art. 496º do Código Civil, reveste uma natureza acentuadamente mista; por um lado, visa a compensação de algum modo, mais do que indemnizar os danos sofridos pela pessoa lesada; por outro lado, não lhe é estranha a ideia de reprovar ou castigar, no plano civilístico e com meios próprios do direito privado, a conduta do agente* (Cfr. – Prof. ANTUNES VARELA, *Das Obrigações em Geral*, Vol. I, 8ª edição, Almedina, pág. 611 e seguintes e acórdão do STJ, de 26 de Junho de 1991, in *BMJ*, nº 408, pág. 538). Neste tipo de indemnização "*há que considerar o grau de parentesco, mais próximo ou mais remoto, o relacionamento da vítima com esses seus familiares, se era fraco ou forte o sentimento que os unia, enfim, se a dor com a perda foi realmente sentida e se o foi de forma intensa ou não. É que a indemnização por estes danos traduz o "preço" da angústia, da tristeza, da falta de apoio, carinho, orientação, assistência e companhia sofridas pelos familiares a quem a vítima faltou*" (Cfr. Cons. SOUSA DINIS, "Dano corporal e acidentes de viação", *CJ*, ASTJ, ano IX, tomo I, pág. 5)".
De resto, VAZ SERRA, em anotação ao Ac. do STJ, de 13-01-1970 (*RJJ*, Ano 104, p. 16), referia que "*(...) embora sejam excepcionais as disposições que reconhecem a certos parentes do lesado imediato um direito de indemnização elas são susceptíveis de interpretação extensiva (Cód. Civil, art. 11º), e, por conseguinte, de extensão a outros casos compreendidos no espírito da lei. (...) pode ser que a lesão do lesado imediato seja acompanhada da lesão de um direito ou bem juridicamente protegido de um dos seus parentes, havendo então uma lesão imediata deste, e não já uma simples lesão mediata (isto é, um dano de terceiro), (...). Nestes casos, o direito de indemnização da mãe ou do filho não é um direito de indemnização de terceiro, mas um direito de indemnização fundado na violação ilícita imediata de um direito deles (direito à saúde), e, portanto, independente, não lhe sendo aplicável o artigo 496º, nº 2, mas os artigos 483º e 496º, nº 1 do Código Civil ou os artigos 503º e 496º, nº 1, do mesmo Código (...)*". J. RIBEIRO DE FARIA, *Direito das Obrigações*, Volume I, Almedina 1990, p. 491, nota 2, aderiu a esta posição.

[118] No Acórdão Uniformizador de Jurisprudência nº 6/2014, Diário da República nº 98/2014, Série I, de 2014-05-22, o STJ decidiu que "*os artigos 483º, nº 1 e 496º, nº 1 do Código Civil devem ser interpretados no sentido de abrangerem os danos não patrimoniais, particularmente graves, sofridos por cônjuge de vítima sobrevivente, atingida de modo particularmente grave*".
Vd. também o Ac. do STJ, de 25-11-1998, em que o dano não patrimonial sofrido pelos pais de uma criança gravemente queimada foi indemnizado (*BMJ*, nº 481, pp. 470 e ss.).

[119] Para ANTUNES VARELA (*Direito das Obrigações*, vol. I, 7ª ed. Almedina, pp. 607-608), Delfina Maya de LUCENA (*Danos Não Patrimoniais. O Dano Morte*, Almedina, 1985, p. 69), PEREIRA COELHO (*ob. cit.*, p. 170) e R. CAPELO DE SOUSA (*ob. cit.*, pp. 317 ss.) o direito à indeminização pelo dano da morte é adquirido "*iure próprio*" pelas pessoas indicadas no nº 2 do art. 496º do CC. Fica, então, para estes autores, fora do âmbito das transmissões sucessórias a indemnização pelo dano da morte, tal como para Maria Manuel VELOSO, *Danos não patrimoniais, Comemorações dos 35 anos do Código Civil e dos 25*

Para a segunda[120], que reconhece ao lesado uma indeminização pelo dano não patrimonial de perda de vida, o direito do "*de cuius*" é transmitido sucessoriamente (iure hereditario) para as pessoas indicadas no número 2 do artigo 496º[121].

anos da Reforma de 1977, Volume III, *Direito das Obrigações*, Coimbra Editora, 2007, pp. 495-559, que considera que "*De acordo com uma jurisprudência consolidada, os titulares do direito de indemnização em caso de morte da vítima (imediata) têm direito a obter compensação pelo sofrimento que padeceram, pelo sofrimento causado à vítima antes de morrer e pelo próprio dano da perda de vida. A escolha dos titulares atendeu não à ordem de sucessão, mas aos vínculos de afeição que se supõe existirem entre familiares. Fala-se a este propósito de uma presunção dos afectos, correspondendo a seriação dos titulares a uma "ordem decrescente de proximidade comunitária e afectiva", na fórmula bene trovata de Capelo de Sousa*" (pp. 523-524).
Também nesse sentido, podem ver-se, entre outros, os Acs. STJ, de 15-04-1997, Proc. 97A208. Rel. Lopes Pinto; de 04-10-2000, Proc. 00B2293, Rel. Miranda Gusmão; de 16-06-2005, Proc. 05B1612, Rel. Neves Ribeiro; de 24-05-2007, Proc. 07B1359, Rel. Alberto Sobrinho; de 29-01-2008, Proc. 07B4397, Rel. Bettencourt de Faria; de 27-11-2008, Proc. 08P1413, Rel. Rodrigues da Costa; de 22-06-2010, Proc. 3013/05.2TBFAF.G1.S1, Rel. Alves Velho; de 18-09-2012, Proc. 973/09.8TBVIS.C1.S1, Rel. Azevedo Ramos, em que se considera que "*o problema da reparação, em caso de morte, é tratado como um caso especial de indemnização, nos arts. 495º e 496º, nº 2, do CC, respetivamente, para os danos patrimoniais e não patrimoniais, atribuindo-se a determinadas pessoas um direito próprio de serem indemnizadas e abstraindo-se de quaisquer regras sucessórias*"; de 12-09-2013, Proc. 1/12.6TBTMR, Rel. Bettencourt de Faria; de 13-04-2015, Proc. 1380/13.3T2AVR.C1.S1, Rel. Salazar Casanova, todos em www.dgsi.pt.
No Ac. do STJ de 15-04-1997, pré-citado, pode-se ler no sumário que "*I – Quando o nº 2 do artigo 496 do Código Civil diz que o direito à indemnização por danos não patrimoniais cabe, "em conjunto", ao cônjuge e aos filhos e outros descendentes, quer significar que o montante há-de ser repartido em igualdade entre os membros desse grupo.*
II – Quis-se afastar as regras sucessórias e estabelecer norma específica, dizendo que se procede a uma atribuição e a uma repartição conjunta.
III – A expressão tem, assim, um sentido substantivo e não adjectivo, a ponto de nela se ver consagrado um litisconsórcio activo necessário".

[120] Vd. D. Leite de Campos, "A Indemnização do Dano da Morte", *Boletim da Faculdade de Direito da Universidade de Coimbra*, separata do vol. L, 1974, pp. 49 ss.; "A Vida, a Morte e a sua Indemnização", *BMJ*, 365, 1987, pp. 16 ss.; Orlando de Carvalho, *Teoria Geral do Direito Civil*, Coord. de Francisco Liberal Fernandes, Maria Raquel Guimarães, Maria Regina Redinha, Coimbra Editora, 2012, pp. 207-208; Carvalho Fernandes, *ob. cit.*, p. 74.
Em anotação ao Ac. do STJ de 12 de Fevereiro de 1969, *RLJ*, Ano 103, Vaz Serra discorda do acórdão, entendendo que no caso de morte da vítima "*não são os herdeiros desta, como tais, quem sucede no direito à indemnização por danos não patrimoniais sofridos por ela*", são os "*parentes indicados no nº 2 do mesmo artigo, os quais, portanto, têm direito à indemnização desses danos, além do direito à indemnização dos danos não patrimoniais por eles próprios sofridos*". Mais tarde, em anotação aos Acórdãos do STJ, de 16 de Março de 1973 e 13 de Novembro de 1974, publicados, respetivamente, *RLJ*, anos 107º e 109º, passa a defender que o dano não patrimonial da vítima por perda da vida se transmite nos termos gerais – ex iure hereditario.

[121] Neste sentido, vd. Ac. STJ, de 13-11-1974, *RLJ*, Ano 109, pp. 36 ss.; Ac. STJ, de 7-03-1975, *BMJ*, nº 245, p. 487; Ac. STJ, de 23-05-1985, *RLJ*, Ano 23, pp. 187-188 e Ac. STJ, de 24-09-2013, Proc. 294/07.0TBETZ.E2.S1, Rel. Mário Mendes, *CJ*, 3, p. 55.

Por último, há quem considere que o direito à indeminização nasce primeiro no património da vítima e transmite-se por via sucessória aos herdeiros legais (arts. 2157º e 2133º do CC) ou testamentários (arts. 2179º e 2131º do CC)[122]. Não nos parece que o legislador tenha querido estender aos herdeiros em geral o direito à transmissão da indemnização, ou melhor dito, o direito à transmissão da compensação. Desde logo, se analisarmos o Anteprojeto de VAZ SERRA[123], verificamos que se consagrava, inequivocamente, a tese da devolução sucessória do direito à indemnização pelo dano da morte (art. 759º, nº4 do Anteprojeto) mas, depois de revisão ministerial, deixaram de ser chamados os herdeiros à herança da vítima.

A intenção do legislador terá sido a de atribuir apenas às pessoas mencionadas no artigo 496º o direito à indemnização pelo dano da morte, tendo em conta os vínculos afetivos que, à partida, existem entre o "*de cuius*", o cônjuge, e os parentes aí discriminados[124]. A escolha destes titulares não teve em consideração a ordem de sucessão.

Em 1966, na versão inicial do Código Civil, o cônjuge não era herdeiro legitimário, ocupava a quarta classe de sucessíveis legítimos e era usufrutuário da herança, no entanto, surgia na primeira classe de sucessíveis para efeitos do número 2 do artigo 496º. Poder-se-ia pensar que, com a reforma de 1977 (Dec.-Lei nº 496/77, de 25 de Novembro), passando o cônjuge para a primeira classe de sucessíveis legítimos e legitimários, à ordem do número 2, do artigo 496º, passaria a corresponder com a ordem pela qual herdeiros legítimos e legitimários são chamados (arts. 2131º e ss. e art. 2157º do CC) e, assim, a transmissão sucessória nos termos gerais ou de acordo com a ordem do artigo 496º seria equivalente. Acontece que na sucessão legal o cônjuge pode concorrer com ascendentes e descendentes, faz parte da primeira e da segunda classe de sucessíveis, quando nos termos do número 2, do artigo 496º, o direito à indeminização por danos não patrimoniais cabe, em conjunto, ao cônjuge (não separado de pessoas e bens) e aos filhos ou outros descendentes, e só na falta destes é que serão chamados, sozinhos, os ascendentes e, seguidamente os colaterais em 2º grau e seus representantes (irmãos e sobrinhos da vítima).

Em anotação aos Acórdãos do STJ, de 16 de Março de 1973 e 13 de Novembro de 1974 (*RLJ*, anos 107º e 109º), VAZ SERRA defende que o dano não patrimonial da vítima por perda da vida se transmite nos termos gerais – *ex iure hereditario*.

[122] MENEZES LEITÃO, *Direito das Obrigações*, Volume I, 14ª ed., Almedina, 2017, p. 332-333; GALVÃO TELLES, *ob. cit.*, pp. 83-87; VAZ SERRA, em anotação aos acórdãos do STJ, de 16-03-1973 e de 13-11-1974, *RLJ* Ano 107 e Ano 109.

[123] *Anteprojecto*, Lisboa, 1960, Sep. *BMJ*, nº 101, p. 138.

[124] Pedro Branquinho FERREIRA DIAS, *O Dano Moral na Doutrina e na Jurisprudência*, Almedina, 2001, pp. 53-54.

Portanto, se o legislador não equipara os familiares com direito à indemnização pelo dano da morte aos sucessíveis do "*de cuius*", não o devemos fazer. O artigo 496º do Código Civil elenca de forma inequívoca quem são os titulares do direito à indemnização – um grupo de familiares e o unido de facto sobrevivo (desde da Lei nº 23/2010, de 30 de Agosto)[125], este último não é sucessível legal – e há que seguir esta ordem. Foi criada atendendo aos vínculos afetivos, supostamente, estabelecidos entre o cônjuge (ou unido de facto) e demais familiares com a vítima, sendo de negar o direito à indemnização em relação a quem não tenha sofrido o dano[126]. Um dos critérios que entra em linha de conta para o *quantum* da indemnização é, também, o grau de proximidade ou a ligação entre a vítima e os titulares desta indemnização.

[125] A propósito do unido de facto, aqui se reproduz parte de um Ac. do STJ, de 01-03-2018, Proc. 1608/15.5T8LRA.C1.S1, Rel. Távora Victor (in www.dgsi.pt), que dá conta dos direitos do unido de facto sobrevivo à indemnização pelo dano da perda de vida, antes mesmo do legislador lhe ter atribuído esse direito no atual nº 3 do art. 496º do CC: "*a Lei 23/2010, em vigor desde 04/09/2010 inovou, acrescentando à norma (artigo 496º do CC) o referido nº 3, partindo do pressuposto de que de acordo com as regras e leis da vida, vivendo/convivendo a vítima com outra pessoa em união de facto, em caso de morte, o membro sobrevivo dessa mesma união seria por certo a pessoa que lidava mais de perto com a vítima em plena comunhão de afectos, ideais e sentimentos, sendo presumível que seria a pessoa que em concreto sentiria de modo mais intenso a perda da vida da vítima. (...) antes da Lei 23/2010 (...) ocorreram na jurisprudência ecos precursores da Lei, hoje direito constituído, e disso foi exemplo uma Sentença do Primeiro Juízo Cível da Comarca de ..., de 15/07/96, publicada na Revista sub iudice – Causas – 3 – Jul/Set. 1996 – pág. 71 que decidiu pela inconstitucionalidade do artigo 496º/2 do CC por violação do artigo 13º da Constituição da República, na parte em que não admitia que a pessoa que vivesse em união de facto com uma vítima de acidente de que resultou a sua morte tivesse direito a receber indemnização por danos não patrimoniais, mais curioso ainda foi/é o facto de Cunha Gonçalves, há já cerca de 70 anos, e na vigência ainda do Código Napoleónico, de modo visionário, no Tratado de Direito Civil – Volume 12 – Pág. 548, ter sufragado opinião no sentido de que a "concubina podia sofrer dano moral pela morte do seu amante, designadamente se tivesse dele filhos menores, acrescentando que esse dano, deveria ser avaliado, como o seria o da mulher legítima", (...) e neste ponto também França Pitão na obra União de Facto no Direito Português que remonta a 2001 ter opinado no sentido de que no caso de união de facto o companheiro sobrevivo da pessoa que falece é quem mais sofre com a morte desta, por ser quem lidava mais de perto com a vitima, criticando o facto do direito constituído e da jurisprudência fecharem os olhos a esta realidade da vida, denegando equiparação da pessoa unida de facto ao cônjuge sobrevivo*".

[126] Cfr., neste sentido, Ac. STJ, de 23-03-1995, *CJSTJ* 1995, tomo 1, p. 230; Ac. STJ, de 30-04-2015, Proc. 1380/13.3T2AVR.C1.S1, Rel. Salazar Casanova (in www.dgsi.pt): "*II – O facto de a indemnização pela perda do direito à vida ser fixada em valor sensivelmente igual em todos os casos porque está em causa o dano da perda de vida, valor idêntico para cada ser humano, não significa que o tribunal não possa excluir dessa indemnização o titular provando-se que não existiam laços de afeto de espécie alguma entre ele e a vítima.*" Em sentido diverso vd. J. Ribeiro de Faria, Jorge Leite Areias Ribeiro de (*Direito das Obrigações*, vol. I, *ob. cit.*, p. 528) que afirma que a titularidade do direito à indemnização não é definida "*em função da dor efectivamente sofrida*", mas sim "*a partir de um princípio de objectividade e de presunção (que não pode ser afastada) de que a proximidade de vínculo (conjugal ou de parentesco) traz contida em si a indiciação de uma dor ou de um sofrimento maiores*".

Bibliografia:

Diogo Leite de Campos, *A indemnização do dano da morte,* Coimbra, sep. B.F.D.C., 1974; id., *A vida, a morte e a sua indemnização,* Lisboa, sep. B.M.J., 365; id., "Plaidoyer pour la vie: l'indemnisation du dommage de la mort", *Archives de Philosophie du Droit,* 32, Paris, 1987.

Lição XIV

Herança Jacente e Aquisição Sucessória

Introdução

Entre o momento da abertura da herança, que se segue imediatamente ao da morte do *"de cuius"*, e o da sua aceitação, ou da declaração da sua vacatura para o Estado, decorre um período durante o qual a herança jaz à espera de aceitação ou declaração de vacatura.

Este período termina, normalmente, com a aceitação da herança, ou com o seu repúdio seguido de outra aceitação.

1. Herança jacente

Diz-se jacente a herança aberta, mas ainda não aceite nem declarada vaga para o Estado (art. 2046º do CC)[127].

Há, assim, que distinguir entre herança jacente e herança vaga.

A herança vaga é a que foi diferida para o Estado, por o *"de cuius"* ter falecido sem testamento e não haver herdeiros legitimários ou legítimos. Esta inexistência de sucessores é reconhecida judicialmente, sendo assim a herança declarada vaga para o Estado (que não é herdeiro) – artigo 2155º do Código Civil.

A herança jacente é a herança vaga, mas ainda não aceite[128]. O problema que há aqui a resolver é o da sua administração durante este período.

[127] Segundo Pires de Lima e Antunes Varela (*Código Civil Anotado*, Vol. VI, 1998, p. 68) a herança jacente é *"...o património da pessoa falecida durante o período de crise que decorre entre o chamamento do sucessível e a aceitação efectiva da herança ou do legado, ou seja, entre o momento da vocação sucessória e a devolução efectiva dos bens e dos deveres que integram a herança"* e, como refere R. Capelo de Sousa (*Lições de Direito das Sucessões*, II, pp. 6-7) *"...nasce no momento da abertura da sucessão, aquando da morte do de cuius (...) e finda quer no momento em que é aceita pelos herdeiros quer no momento em que, por falta ou repúdio dos demais sucessíveis, é declarada vaga para o Estado".*

[128] Nos termos do artigo 938º, nº 1, do Código de processo Civil, a herança é jacente:
– por não serem conhecidos os sucessores,

1.1. Administração da herança jacente

A administração da herança jacente pertence, em princípio, ao chamado (art. 2047º do CC)[129]. Se não houver quem legalmente administre a herança, e para evitar a perda ou deterioração dos bens, nomear-se-á um curador à herança (art. 2048º, nº 1, do CC).

O curador será nomeado pelo tribunal, a requerimento do Ministério Público ou de qualquer interessado, tendo, em princípio, os mesmos poderes do curador provisório dos bens do ausente (art. 2048º, nº 2, do CC).

Os poderes conferidos aos sucessíveis chamados, na herança jacente, estão elencados no artigo 2047º do Código Civil. Apenas são admitidos atos de administração ordinária e de carácter urgente; mais precisamente atos que visam prevenir prejuízos. Havendo uma pluralidade de sucessíveis chamados, qualquer um tem poderes para praticar atos urgentes de administração, prevalecendo a vontade da maioria em caso de oposição (nº 3 do art. 2047º do CC).

1.2. Personalidade judiciária da herança jacente

A herança jacente não tem personalidade jurídica, mas tem personalidade judiciária (artigo 12º do Código de Processo Civil)[130].

1.3. Processo cominatório de aceitação ou de repúdio

O Direito admite a longa permanência de direitos sem titular, pois de acordo com o número 1, do artigo 2059º do Código Civil, o direito de suceder, de aceitar ou repudiar, caduca ao fim de dez anos[131], a contar do conhecimento do chamamento por parte do sucessível; nestes casos, os bens correm o risco de perda ou deterioração, e o comércio jurídico sofre correlativamente. Assim, se o sucessível chamado à herança a não aceitar ou repudiar nos quinze dias subsequentes à vocação, o tribunal, requerido pelo Ministério Público ou qualquer interessado, mandará notificar esse sucessível para, no prazo que lhe for fixado, declarar se

– por o Ministério Público pretender contestar a legitimidade dos que se apresentarem,
– ou por os sucessores conhecidos haverem repudiado a herança.

[129] Tem entendido a doutrina que o chamado, ou os chamados, são os herdeiros. Os legatários apenas poderão administrar a herança jacente se esta for toda ela distribuída em legados. Neste Sentido, vd. Oliveira Ascensão, *ob. cit.*, pp. 403-404; Pamplona Corte-Real, *ob. cit.*, p. 268; R. Capelo de Sousa, *ob. cit.*, vol. II, p. 6; Carvalho Fernandes, *ob. cit.*, pp. 246-247; J. Duarte Pinheiro, *ob. cit.*, p. 407.

[130] Ac. STJ de 12-09-2013, proc. 1300/05.9TBTMR.C1.S1, Relator Fernandes do Vale (in www.dgsi.pt).

[131] Este prazo de caducidade é extensível aos legados, por força da remissão do artigo 2249º do Código Civil, que manda aplicar aos legatários, *"com as necessárias adaptações, o disposto sobre a aceitação e repúdio da herança"*.

aceita ou repudia (art. 2049º do CC). O processo respetivo é o processo cominatório de aceitação ou repúdio da herança (arts. 2049º do CC e 1039º e ss. do Código de Processo civil).

Na falta de declaração de aceitação, e desde que não seja apresentado documento legal de repúdio dentro do prazo fixado, a herança tem-se por aceite (art. 2049º, nº 2, do CC).

Se o notificado repudiar a herança, serão notificados os sucessíveis imediatos, até alguém aceitar a herança ou esta ser declarada vaga para o Estado (art. 2049º, nº 3, do CC).

2. Aquisição sucessória: aceitação e repúdio da herança

2.1. Aceitação da herança

A aquisição dos bens postos à disposição do chamado opera-se mediante a aceitação deste. Se o direito de aceitar caducar (10 anos a contar do conhecimento do chamamento) o sucessível não adquire os bens da herança, nem a qualidade de herdeiro.

A aceitação é um direito potestativo, podendo o chamado exercê-lo ou não, livremente. Mesmo no caso em que (aparentemente) a aquisição se opera sem aceitação – quando funciona o direito de acrescer – na realidade a aceitação é sempre prévia em relação à aquisição. A aceitação do quinhão hereditário originário, estendendo-se, potencialmente, por força do título de vocação, à totalidade da herança (ou do bem, no caso de legado) compreende a parte que vem acrescer.

2.1.1. *Natureza jurídica da aceitação*

A aceitação da herança é um direito potestativo, ato jurídico unilateral e não receptício. São-lhe aplicáveis, com algumas modificações, os princípios gerais do negócio jurídico quanto à capacidade, vícios da vontade, etc.. Podendo, assim, a aceitação ser inválida (art. 2060º do CC).

Constitui ato pessoal de cada sucessível (art. 2051º do CC)[132]. Contudo, como direito de conteúdo patrimonial, pode ser exercido pelos credores do chamado (art. 2067º do CC).

Há que levar em conta as especialidades da aceitação da herança deixada a menor (arts. 1888ºe 1889º, 1891º, 1893º, nº 1, al. d) do CC), a maior acompanhado (art. 145º conjugado com os arts. 1938º, nº 1, al. c), 1940º e 1941º do CC), e ausente (art. 109º do CC).

[132] Segundo J. DUARTE PINHEIRO (*O Direito das Sucessões Contemporâneo, ob. cit.*, p. 417) a aceitação não está sujeita *"...ao princípio da pessoalidade aplicável ao negócio testamentário....Por conseguinte é admissível o exercício do direito de suceder por representante, quer legal quer voluntário"*.

A aceitação é um ato irrevogável (arts 2061º e 2066º do CC) puro e simples (art. 2054º, nº 1, do CC) e indivisível (arts. 2054º, nº 2, e 2055º do CC).

2.1.2. *Espécies de aceitação*

A aceitação pode ser expressa ou tácita, pura e simples, ou a benefício de inventário.

A aceitação é expressa quando, em documento escrito, o chamado declara aceitar a herança, ou assuma o título de herdeiro com a intenção de a adquirir (art. 2056º, nº 2, do CC); é tácita quando resulta de factos concludentes (sobre os factos concludentes, ver o artigo 217º, nº 1, do CC). A aceitação tácita deve ser inequívoca[133].

Note-se, porém, que os atos de administração praticados pelo sucessível não implicam aceitação tácita da herança (art. 2056º, nº 3, do CC). Com efeito, os herdeiros podem tentar preservar os bens, sem ainda tomarem decisão quanto à aceitação[134]. A habilitação judicial, só por si, também não é facto concludente da declaração tácita, tal como não o é o facto do cônjuge sobrevivo receber a pensão de sobrevivência por morte do marido[135], etc.. Já a anulação do repúdio[136], o reconhecimento de uma fundação instituída por testamento[137] ou a renúncia à herança em benefício de apenas algum ou alguns dos sucessíveis subsequentes (art. 2057º, nº 2, do CC) consubstanciam ou podem consubstanciar uma aceitação tácita. E, ainda, a falta de declaração de aceitação do herdeiro ou legatário notificado para tal (arts. 2049º, nº 2, e 2249º do CC).

A aceitação da herança também pode ser pura e simples ou a benefício de inventário (art. 2052º, nº 1, do CC). A aceitação dos legados, em princípio, é pura e simples, uma vez que os legatários não têm legitimidades para requerer inventário (salvo se a herança for toda ela distribuída em legados, como prevê o art. 43º do Regime Jurídico do Processo de Inventário).

133 Cfr. Oliveira Ascensão, *ob. cit.*, p. 404.
Para Lopes Cardoso (*Partilhas Judiciais*, vol. I, 4ª edição, Almedina, Coimbra, 1990) há aceitação tácita "*quando o herdeiro pratica algum facto de que necessariamente se deduz a intenção de aceitar, ou de tal natureza que ele não poderia praticá-lo senão na qualidade de herdeiro*" (p. 5 nota 18).

134 Ac. TRG de 16-02-2012, proc. 219/09.9TCGMR.G1, relator Rita Romeira, in www.dgsi.pt: "*IV – A declaração dos herdeiros a autorizarem o feitor a receber, como anteriormente, o montante da renda, de prédio pertencente à herança aberta por óbito de seus falecidos pais, não constitui acto inequívoco susceptível de configurar aceitação tácita da herança.*
V – Aos herdeiros é lícita a prática de actos de administração da herança, nos termos do art. 2047, do Código Civil, o que não implica aceitação tácita da herança, conforme dispõe o nº 3, do art. 2056, do mesmo diploma.".

135 Ac. TRL de 28-04-2016, proc. 7981/09.7T2SNT-B.L1-2, relator Jorge Vilaça, in www.dgsi.pt.

136 Oliveira Ascensão, *ob. cit.*, p. 430.

137 Oliveira Ascensão, *ob. cit.*, p. 436.

Nos termos do artigo 2053º do Código Civil "*A aceitação a benefício de inventário faz-se requerendo o inventário, nos termos previstos em lei especial, ou intervindo em inventário pendente*" e prende-se com a responsabilidade do herdeiro pelos encargos da herança. Aquele que aceitar a herança a benefício de inventário responde com os bens inventariados pelos encargos da herança. Isto é, a responsabilidade está limitada aos bens da herança (art. 2071º do CC) mas caberá aos credores ou legatários provar a existência de outros bens. No caso da herança ser aceite pura e simplesmente, os encargos também não excedem os bens da herança, mas caberá aos herdeiros fazer a prova de que na herança não há bens suficientes para o cumprimento dos encargos, de forma a evitar a penhora dos seus bens próprios.

O processo de inventário – da competência dos cartórios notariais (art. 3º do Regime Jurídico do Processo de Inventário)[138] – tem outras vantagens para além daquela aqui referida. É um meio para o herdeiro legitimário apurar a existência de liberalidades inoficiosas[139] e também pode ter por finalidade a liquidação da herança (art. 2º, nºs 1 e 2, do Regime Jurídico do Processo de Inventário)[140].

2.1.3. *Transmissão do direito de aceitar*

Referi que o direito de aceitar se transmite hereditariamente, como qualquer outro direito patrimonial. Não desenvolverei aqui este ponto que considero suficientemente tratado.

[138] Quanto às especificidades do processo de inventário aprovado pela Lei nº 23/2013, de 5 de março, vd. Eduardo Sousa Paiva e Helena Cabrita, *Manual do Processo de Inventário á luz do novo regime*, Coimbra Editora, 2013; Tomé d'Almeida Ramião, *O Novo Regime do Processo de Inventário*, 2ª ed. Quid Juris, 2015.

[139] Como refere Oliveira Ascensão nestes termos: "*(...) um inventário pode ter exclusivamente por fim a verificação de eventual inoficiosidade de liberalidades do autor da sucessão. O legitimário herdeiro único, maior, que receber herança sem dívidas não está inibido de recorrer a inventário unicamente para apurar da eventual inoficiosidade de liberalidades do autor da sucessão, cuja redução viria a beneficiá-lo*" (*ob. cit.*, p. 512). No âmbito do anterior regime do inventário encontram-se decisões neste mesmo sentido. Vd. Ac. STJ de 24-10-2006, proc. 06B2650, Relator Mota Miranda, in www.dgsi.pt: "*havendo lugar a inventário (quer para pôr termo a comunhão hereditária, quer para relacionação dos bens para eventual liquidação da herança) o pedido de declaração de inoficiosidade não possa ser apreciado e decidido nesse processo de inventário – deverá ou poderá sê-lo, considerando que a partilha dos bens da herança está também dependente dessa operação de redução/revogação das inoficiosidades e o processo de inventário destina-se precisamente à partilha dos bens da herança (art. 1376º do CPC).*".

[140] O processo de inventário pode ainda ter por finalidade a partilha da herança (matéria que abordaremos mais á frente) ou o deferimento da curadoria definitiva e entrega dos bens do ausente (arts. 77º e 78º do *Regime Jurídico do Processo de Inventário*).

2.1.4. *Caducidade do direito de aceitar*

O direito de aceitar a herança caduca ao fim de dez anos (art. 2059º, nº 1, do CC), prazo que se conta a partir da data em que o sucessível teve conhecimento de que foi chamado à herança.

No caso de instituição sob condição suspensiva ou com substituição fideicomissária, os prazos contam-se a partir do conhecimento da verificação da condição ou da morte do fiduciário ou da extinção da pessoa coletiva (nº 2 do art. 2059º do CC).

Como referimos anteriormente, este prazo de dez anos pode ser encurtado através da notificação dos herdeiros do artigo 2049º do Código Civil; a chamada "*actio interrogatoria*".

2.2. Repúdio da herança

O repúdio é o ato pelo qual o chamado responde negativamente ao chamamento, declarando que rejeita os bens colocados à sua disposição (art. 2062º do CC).

O repúdio é um direito potestativo, com eficácia retroativa em relação ao momento da abertura da sucessão (art. 2062º do CC). Isto permite que o chamado subsequente, que aceite, seja considerado herdeiro desde o momento da abertura da sucessão, data em relação à qual se reportam os efeitos da aceitação.

2.2.1. *Natureza jurídica do repúdio*

O repúdio é um direito potestativo, exercendo-se através de um ato jurídico unilateral, não receptício. Valem em relação a ele, em princípio, as regras gerais sobre os atos jurídicos, podendo ser inválido (nulo ou anulável).

É, a exemplo da aceitação, um ato individual (art. 2051º do CC), pessoal, como é a aceitação (ver as disposições legais citadas para esta); irrevogável (art. 2066º do CC), puro e simples (art. 2064º, nº 1, do CC), e indivisível (arts. 2064º e 2055º do CC).

Porém, mesmo que o repúdio tenha carácter pessoal, os credores do repudiante podem sub-rogar-se a este (art. 2067º do CC)[141]. A sub-rogação dos credores do repudiante tem a mesma finalidade da ação sub-rogatória do artigo 606º do Código Civil: conservar a garantia patrimonial dos credores. No caso dos credores do repudiante, estes podem, com o repúdio, verem-se impedidos de satisfazer os seus créditos à custa dos bens da herança. Assim, resulta do número 1 do artigo

[141] Vd. Carvalho Fernandes, "Da sub-rogação dos credores do repudiante", in *Comemorações dos 35 anos do código civil e dos 25 anos da reforma de 1977*, Coimbra Editora, 2004, Vol. I, pp. 961-993, e do mesmo autor, *Da Aceitação da Herança pelos Credores do Repudiante – Regime, Fundamento e Natureza Jurídica*, Quid Juris, Lisboa, 2010.

2067º do Código Civil[142] que aos credores pessoais do sucessível repudiante[143] é permitido aceitarem a herança em nome daquele[144], como um meio de tutela do direito comum de garantia dos seus créditos. O meio processual, para tanto, passa pela instauração de uma ação pela qual os credores do repudiante deduzem o pedido de pagamento dos seus créditos, contra o repudiante e contra aqueles para quem os bens passaram por virtude do repúdio (art. 1041º do Código de Processo Civil). Obtida sentença favorável, os credores podem executá-la contra a herança, ou seja, pagarem-se à custa dos bens que a integram e o remanescente caberá aos sucessíveis a quem, por efeitos do repúdio, a sucessão seja deferida.

2.2.2. *Forma do repúdio*

O repúdio está sujeito à forma exigida para a alienação da herança (art. 2063º que remete para o art. 2126º, ambos do CC). Nestes termos, o repúdio só deve revestir a forma de escritura pública se, na herança, houver bens cuja alienação deva ser feita por essa forma; caso contrário, bastará documento particular.

3. A aquisição sucessória e a administração da herança

3.1. A qualidade de sucessor

A aquisição sucessória dá-se com a aceitação da herança, mas não significa que os sucessores entrem imediatamente na posse dos bens da herança. Desde logo, pode haver a necessidade de demonstrarem a sua qualidade de herdeiro ou legatário e a lei faculta-lhes alguns meios para fazerem essa prova.

A prova da qualidade de sucessor, que poderá ser necessária, por exemplo, para efeitos de registo de um bem da herança, levantamento de dinheiro de uma conta bancária, averbamentos de títulos de crédito, etc., tanto pode ser judicial, como extrajudicial.

O âmbito da habilitação judicial é muito restrito, seguindo-se as regras processuais aplicáveis ao incidente de habilitação e previstas nos artigos 351º e seguintes do Código de Processo Civil; passando a ação a prosseguir com os sucessores do autor ou do réu, quando devidamente habilitados[145].

[142] Este artigo foi objeto de várias análises e interpretações doutrinais. Vd., para mais desenvolvimentos, Pamplona Corte-Real, (*ob. cit.*, pp. 277-281) e Oliveira Ascensão (*ob. cit.*, pp. 432-434).

[143] Ou do legatário repudiante (art. 2249º do CC).

[144] Para Oliveira Ascensão (*ob. cit.*, p. 432) "*Os credores do repudiante não podem aceitar en nome do repudiante, porque o direito de aceitar deste se perdeu com o repúdio. Quanto muito se poderia dizer que haveria antes uma impugnação do repúdio, impugnação que tacitamente implicava uma aceitação*".

[145] Veja-se, a título de exemplo, os seguintes acórdãos (in www.dgsi.pt): Ac. TRG de 26-03-2015, proc. 164/08. 5TBPTL-C.G1, relator Amílcar Andrade, "*Mediante habilitação o cessionário pode substituir o cedente no processo, que com ele prosseguirá os seus termos.*";

Os meios extrajudiciais são a habilitação notarial (arts. 82º e ss. do Código do Notariado), os procedimentos simplificados de sucessão hereditária (arts. 210º-A a 210º-R do Código do Registo Civil) e a habilitação em processo de inventário (art. 11º do Regime do Processo de Inventário).

A habilitação notarial consiste na declaração feita em escritura pública, por três pessoas, que o notário considere dignas de crédito, de que os habilitandos são herdeiros do falecido e que não há quem lhes prefira na sucessão ou quem concorra com eles (nº 1 do art. 83º do Código do Notariado). Nenhum dos declarantes pode ser testemunha instrumentária, nem parente sucessível dos habilitandos, nem o cônjuge de qualquer deles.

Em alternativa, a referida declaração pode, ao abrigo do prescrito, ser prestada pelo cabeça de casal (nº 2 do art. 83º do Código do Notariado), observando-se o disposto no artigo 97º do Código do Notariado e artigos 2080º e 2081º do Código Civil.

De acordo com o número 1, do artigo 86º, do referido Código, a habilitação notarial tem os mesmos efeitos da habilitação judicial e é título bastante para que se possam fazer em comum, a favor de todos os herdeiros e do cônjuge meeiro, os seguintes atos: a) Registos nas conservatórias do registo predial; b) Registos nas conservatórias do registo comercial e da propriedade automóvel; c) Averbamentos de títulos de crédito; d) Averbamentos da transmissão de direitos de propriedade literária, científica, artística ou industrial; e) Levantamentos de dinheiro ou

Ac. TRP de 02-02-2015, proc. 102048/12.7YIPRT.P1, relator Manuel Domingos FERNANDES, "*I – Através do incidente de habilitação previsto nos artigos 351º a 355º do CPCivil como o meio adequado a modificar a instância quanto às pessoas, substituindo-se alguma das partes na relação substantiva em litígio [artigo 262º, al. a) do CPCivil], apenas se trata de averiguar se o habilitado tem as condições legalmente exigidas para a substituição, isto é, apenas se aprecia a sua legitimidade como substituto da parte falecida, legitimidade essa que só coincide com a definida pelo artigo 30º do mesmo diploma.*
II – Assim, na habilitação, não se exige a aceitação da herança do habilitando e o facto de ele ser habilitado não determina, em princípio, o reconhecimento da aceitação tácita, permitindo que mesmo depois da habilitação o habilitado que a não contestou possa vir repudiar a herança, mantendo-se, assim, a autonomia dessas questões, a saber, a habilitação incidental e a aceitação da herança.".
Ac. TRL de 27-02-2014, proc. 6062/09.8TCLRS.L1-6, relator Fátima GALANTE: "*2. Embora a habilitação incidental a que alude o artigo 351º do CPC se refira apenas ao falecimento, entende-se que abrange, igualmente, a extinção de pessoa coletiva, mesmo no caso da extinção da pessoa coletiva ter ocorrido em data anterior à propositura da acção.*
3. A habilitação incidental decorrente do falecimento ou extinção de alguma das partes, na pendência da causa, pode também ocorrer por falecimento ou extinção anteriores à propositura da acção, certificados no decurso das diligências efectuadas para a sua citação.
4. Extinta a sociedade com o registo do encerramento da liquidação, mas conhecido este, no processo, apenas quando se procedia à sua notificação é de aceitar a habilitação dos respetivos sócios." (*in* www.dgsi.pt).

de outros valores. Estes atos podem ser requeridos por qualquer dos herdeiros habilitados ou pelo cônjuge meeiro.

Este regime da habilitação notarial é aplicável, com as necessárias adaptações, à habilitação de legatários, quando estes forem indeterminados ou instituídos genericamente ou quando a herança for toda distribuída em legados (art. 88º do Código do Notariado).

Os procedimentos simplificados de sucessão hereditária visam a promoção dos atos de titulação, registo e garantia do cumprimento de obrigações fiscais respeitantes à sucessão hereditária e são os seguintes: procedimento de habilitação de herdeiros, partilha e registos; procedimento de habilitação de herdeiros e registos; procedimento de partilha e registos (art. 210º-A do Código do Registo Civil). Só o cabeça-de-casal, seu representante legal ou mandatário têm legitimidade para promover os procedimentos simplificados de sucessão hereditária (art. 210º-B do Código do Registo Civil) no chamado balcão das heranças. A habilitação de herdeiros realizada no âmbito destes procedimentos tem por objeto a declaração, prestada pelo cabeça-de-casal ou por três pessoas que o conservador ou o oficial de registos considerem dignas de crédito (que não podem ser testemunhas instrumentárias, nem os parentes sucessíveis dos habilitandos, nem o cônjuge de qualquer deles), de que os habilitandos são herdeiros do falecido e de não existir quem lhes prefira ou com eles concorra na sucessão (art. 210º-O do CRC). Este regime estende-se à habilitação de legatários (art. 210º-P do CRC).

A Lei nº 23/2013, de 5 de Março, que aprovou o novo regime jurídico do processo de inventário, atribui competência aos cartórios notariais sediados no município do lugar da abertura da sucessão para efetuar o processamento dos atos e termos do processo de inventário e habilitação de uma pessoa como sucessora por morte de outra, tal como se refere expressamente no artigo 3º, número 1. Integra, portanto, os atos da competência do notário a habilitação de sucessores (ver também o artigo 11º do Regime do Processo de Inventário).

3.2. A petição da herança

Há outro meio, judicial, para os sucessores demonstrarem a sua qualidade de herdeiros. É este a petição da herança (art. 2075º do CC). A ação de petição de herança tem um duplo fim. Visa, por um lado, o reconhecimento judicial da qualidade sucessória que o autor se arroga; por outro, a restituição e integração dos bens no ativo da herança que o demandado possuía como herdeiro, ou por outro título, ou mesmo sem título[146]. Se forem vários os herdeiros, qualquer um

[146] Cfr. Oliveira Ascensão, *ob. cit.*, p. 474.

tem legitimidade para pedir a totalidade dos bens em poder do demandado, sem que este possa opor-lhe que tais bens lhe não pertencem por inteiro (art. 2078º, nº 1, do CC). Isto, sem prejuízo do direito que assiste ao cabeça-de-casal de pedir a entrega dos bens em posse de terceiro e que deva administrar (nº 2 do art. 2078º do CC).

A ação de petição de herança pode ser intentada a todo o tempo, sem prejuízo da aplicação das regras da usucapião relativamente a cada uma das coisas possuídas, e do disposto no artigo 2059º. E, se o possuidor de bens da herança tiver disposto deles, no todo ou em parte, a favor de terceiro, a ação pode também ser proposta contra o adquirente (art. 2076º do CC).

Assinale-se que, embora a ação de petição de herança seja distinta da reivindicação da coisa legada (art. 2279º do CC), ambas visam a restituição de bens em poder de terceiro. O que, na realidade, separa as duas ações, é a circunstância da ação de petição de herança poder assumir um carácter universal, abrangendo todo o património da herança, enquanto que a ação de reivindicação terá sempre como objeto coisas certas e determinadas, os bens legados que se encontrem na posse de terceiros que não os herdeiros[147].

3.3. A administração da herança

3.3.1. *O cabeça-de-casal*

A herança, até à liquidação e partilha, reclama uma administração e essa pertence ao cabeça-de casal. A designação da pessoa que vai exercer essas funções resulta de um acordo dos interessados (art. 2084º do CC) e, na falta de acordo, da aplicação das regras supletivas dos artigos 2080º a 2082º do Código Civil. Isto é, o cargo pode pertencer à seguinte categoria de pessoas, por ordem decrescente: ao cônjuge sobrevivo, não separado de pessoas e bens, se for herdeiro ou tiver meação nos bens do casal; ao testamenteiro (regime que veremos de seguida e que está previsto nos arts. 2325º e 2326º do CC); aos parentes que sejam herdeiros legais; aos herdeiros testamentários.

Na eventualidade de apenas haver legatários, a administração da herança adquirida caberá ao legatário mais beneficiado; em igualdade de circunstâncias, preferirá o mais velho. No caso da pessoa designada para o cargo ser incapaz, de acordo com o artigo 2082º do Código Civil, as funções de cabeça-de-casal serão exercidas pelo seu representante legal ou pelo seu acompanhante que é tido como representante do maior acompanhado.

[147] Para mais desenvolvimentos sobre a reivindicação dos legados, vd. R. Capelo de Sousa, *ob. cit.*, vol. II, pp. 33-36; Oliveira Ascensão, *ob. cit.*, pp. 477-478; Carvalho Fernandes, *ob. cit.*, p. 480.

Como o cabeça-de-casal se pode escusar (art. 2085º do CC) ou ser removido (art. 2086º do CC), prevê-se a sua nomeação pelo Tribunal, oficiosamente ou a requerimento de qualquer interessado (art. 2083º do CC)[148].

O cabeça-de-casal tem poderes de administração ordinária sobre os bens do *"de cuius"* e os bens comuns do casal[149]. Os bens doados em vida pelo autor da sucessão não se consideram hereditários e continuam a ser administrados pelo donatário (art. 2087º do CC). Quando for necessário alienar bens da herança, por exemplo, para cumprir com os encargos da herança, a alienação só pode ser feita pelos herdeiros conjuntamente (art. 2091º do CC).

3.3.2. *O testamenteiro*

O artigo 2320º do Código Civil atribui ao *"de cuius"* a faculdade de nomear uma ou mais pessoas para o cargo de testamenteiro e de definir as funções a assumir por este ou estes (art. 2325º do CC). Se o testador não especificar as atribuições do testamenteiro, competirá a este cuidar do funeral do testador e pagar as despesas e sufrágios, vigiar a execução das disposições testamentárias e exercer as funções de cabeça-de-casal, nos termos da alínea b) do número 1 do artigo 2080º do Código Civil.

Resulta do artigo 2320º do Código Civil que a nomeação do testamenteiro é prerrogativa do testador e que impera a autonomia do testador no que concerne à definição dos poderes do testamenteiro[150].

À semelhança do cabeça-de-casal, as funções do testamenteiro cessam por escusa ou remoção (arts. 2330º e 2331º do CC).

[148] Note-se que consideramos que esta disposição deveria ter sido alterada depois da entrada em vigor do Regime do Processo de Inventário. Temos dúvidas que o Tribunal tenha competência para designar o cabeça-de-casal. O artigo 22º do referido regime, sobre a nomeação, substituição, escusa ou remoção do cabeça de casal, dispõe:
"1 – Para designar o cabeça de casal, o notário pode colher as informações necessárias, e se, pelas declarações da pessoa designada, verificar que o encargo compete a outrem, defere-o a quem couber.
2 – O cabeça de casal pode ser substituído a todo o tempo, por acordo de todos os interessados na partilha.
3 – A substituição, a escusa e a remoção do cabeça de casal designado constituem incidentes do processo de inventário.
4 – Sendo impugnada a legitimidade do cabeça de casal, ou requerida a escusa ou a remoção deste, prossegue o inventário com o cabeça de casal designado, até ser decidido o incidente."

[149] Para mais desenvolvimentos, vd. J. DUARTE PINHEIRO, *ob. cit.*, pp. 434 ss.; R. CAPELO DE SOUSA, *ob. cit.*, vol. II, pp. 37-61; CARVALHO FERNANDES, *ob. cit.*, pp. 297-298; Pamplona CORTE-REAL, *ob. cit.*, pp. 282-284.

[150] Como justamente referem PIRES DE LIMA e ANTUNES VARELA (*Código Civil Anotado*, vol. VI, p. 508), a lei opta, em relação às atribuições do testamenteiro, por atribuir à *"vontade do de cuius a definição do seu estatuto (...) Ele será talhado por cada testador à medida da colaboração de cada um carece para a satisfação real das suas intenções materiais, morais e espirituais post mortem"*.

4. A aquisição sucessória e a alienação de herança

Vimos que os herdeiros, em conjunto, podiam dispor de bens determinados da herança, nomeadamente para responder pelos encargos desta. Para além disso, antes da partilha, podem por atos "*inter vivos*", gratuitos ou onerosos, alienar a sua herança ou o seu quinhão hereditário[151]. O regime da alienação de herança está regulado nos artigos 2124º e seguintes do Código Civil.

A alienação da herança ou de quinhão hereditário só pode ser feita depois de aberta a sucessão (dada a proibição dos pactos sucessórios) e antes da partilha; depois da partilha deixa de haver herança ou quinhão hereditário. O outro pressuposto é a aceitação da herança por parte do alienante, pois sem a aceitação não há direito à herança e consequentemente não haverá direito de aliená-la.

Em princípio, com a alienação de herança, transmitem-se ao adquirente os direitos e obrigações do herdeiro alienante. O que não significa que o adquirente passa a ter, desta forma, a qualidade de herdeiro. Trata-se de uma "*cessão unitária de situações jurídicas*"[152].

Posto isto, estabelece o artigo 2125º do Código Civil que se presume (presunção relativa) excluída da alienação a parte hereditária devolvida ao alienante, depois da alienação, em consequência de fideicomisso ou do direito de acrescer, bem como os diplomas e a correspondência do falecido, e as recordações de família de diminuto valor económico. O número 1 do mesmo preceito, presume incluído na alienação todo o benefício resultante da caducidade de um legado, encargo ou fideicomisso. Incluídos na alienação estão, expressamente, os encargos da herança ou de quinhão hereditário; mas o alienante responde solidariamente por esses encargos (art. 2128º do CC) e o adquirente está obrigado a reembolsá-lo.

No caso de alienação de um quinhão hereditário, por venda ou dação em cumprimento, a pessoa que não seja co-herdeiro, os co-herdeiros gozam do direito de preferência nos termos em que este direito assiste aos comproprietários; seguindo-se então o regime do artigo 1410º do Código Civil, só que o prazo dos co-herdeiros para o exercício do direito está reduzido a dois meses.

O direito de preferência que este artigo concede aos co-herdeiros visa impedir que o património hereditário vá para outras pessoas que não os próprios herdeiros. Por este motivo, consideramos que o adquirente, caso outros co-herdeiros vendam, por exemplo, o seu quinhão hereditário, não goza de direito de preferência.

[151] A alienação de herança não se confunde com os pactos sucessórios (inválidos por força do art. 2028º do CC). Assim, pode-se ler no acórdão do STJ, de 16-04-2013 (proc. 2044/08.5TBPVZ. P1.S1, relator Nuno Cameira, in www.dgsi.pt): "*I – É válido o contrato-promessa de compra e venda de um quinhão hereditário, celebrado entre a autora (promitente-compradora) e a ré (promitente-vendedora), pois esta não está a renunciar à sucessão de pessoa viva, nem a regular a sua própria sucessão, nem a dispor da sucessão de terceiro ainda não aberta; está a dispor, isso sim, do seu próprio direito à herança de outra pessoa.*"

[152] Expressão utilizada por Oliveira Ascensão (*ob. cit.*, p. 487).

Lição XV

Os Encargos da Herança e sua Liquidação. Partilha da Herança

Introdução

Visa a presente lição apresentar as regras gerais que presidem à partilha da herança. Começarei por indicar quais os encargos que devem ser deduzidos ao ativo da herança, seguindo-se a partilha desse ativo pelos herdeiros, legitimários, legítimos e testamentários.

Nos quadros da partilha da herança, darei particular relevo ao instituto da colação.

1. Encargos da herança e sua liquidação

Referi, algumas lições atrás, que se a herança não tem encargos e existe só um herdeiro, tudo começa e termina com a aceitação. Mas, se houver encargos, haverá que começar por proceder à sua liquidação.

Há que distinguir, nesta matéria, entre dívidas da herança e encargos da herança. Os encargos da herança compreendem, não só as dívidas do falecido, assumidas enquanto este era vivo, como também as despesas que vão ser assumidas pela herança, enquanto património autónomo; estando aqui compreendidas as despesas com o funeral e sufrágios do "*de cuius*", os encargos com a testamentária, administração e liquidação do património hereditário e os legados (art. 2068º do CC).

Por força do número dois do artigo 2070º do Código Civil, os referidos encargos serão liquidados pela ordem por que estão enunciados no artigo 2068º: despesas com o funeral e sufrágios do seu autor, seguindo-se os encargos com a testamentária, administração e liquidação do património hereditário, passando-se ao pagamento das dívidas do falecido, e terminando-se pelo cumprimento dos legados. Ou seja, caso o ativo não seja suficiente para pagamento de todo o passivo reconhecido, paga-se, em primeiro lugar, as despesas com o funeral e sufrágios do autor da sucessão. Havendo remanescente, procede-se ao pagamento das despesas com a administração e liquidação da herança. Havendo ainda remanescente, são pagas as dívidas do "*de cuius*" e por último cumprem-se os legados. Se o ativo se revelar insuficiente para satisfazer todos os encargos da herança, procede-se a rateio entre os diversos credores, seguindo-se a ordem do artigo 2068º do Código Civil.

A enumeração do artigo 2068º do Código Civil não é taxativa. Existem outros encargos gerais que não estão aqui previstos, como por exemplo os alimentos a favor do cônjuge sobrevivo (art. 2018º do CC) ou do membro sobrevivo da união de facto (art. 2020º do CC).

A ordem pela qual os outros encargos gerais deverão ser satisfeitos dependerá da sua natureza. Os alimentos, para voltar ao exemplo anterior, correspondem a uma necessidade enquanto que os legados correspondem a uma liberalidade, a um enriquecimento. Assim, a obrigação de alimentos deverá ser cumprida antes dos legados mas depois das dividas. Porquê? Porque só depois de cumpridas as dividas é que estaremos em condições de apurar a capacidade contributiva da herança (art. 2004º do CC) e de fixar o montante dos alimentos.

Em relação ao cumprimento dos legados, dever-se-á também seguir uma ordem se essa for a vontade do autor da sucessão ou nos casos em que, por força da lei, determinados legados têm prioridade sobre os outros. É o caso dos legados remuneratórios. O artigo 2278º do Código Civil, quando os bens da herança não chegam para cumprir com todos os legados, manda considerar os legados remuneratórios como dívidas da herança. Logo, serão cumprindo antes dos outros. Os legados remuneratórios[153] também beneficiam de um regime especial de redução das disposições testamentárias (nº 3, art. 2172º, nº 3, art. 2173º, nº 2, do CC).

153 A natureza dos legados remuneratórios e das doações remuneratórios (art. 941º do CC) suscita muitas dúvidas. Por um lado, o art. 941º do CC define a doação remuneratória como uma "*liberdade remuneratória de serviços recebidos pelo doador, que não tenham a natureza de divida exigível.*" O § 4º do artigo 1454º do Código de Seabra previa que as liberalidades remuneratórias eram feitas "*em atenção a serviços recebidos pelo doador que não tenham a natureza de dívida exigível*". Assim, uma doação remuneratória não é considerada uma dívida civil. Podia ser equivalente a uma obrigação natural, mas faltar-lhe-ia o espírito de liberalidade característico das doações. Por isso, para Pires de Lima e Antunes Varela, "*se não pode considerar como doação, por falta daquele requisito, nem o cumprimento da obrigação natural nem o donativo conforme os usos sociais, mesmo que haja remuneração, como no caso da gorjeta. Não havendo, porém, nem o dever jurídico nem o dever moral ou social de remunerar o serviço, a liberalidade não representa uma «solutio», nem uma dação em cumprimento: é uma doação. É esta a solução a que conduz este artigo 941º*" (*Código Civil Anotado*, Vol. II, p. 242). E qual será a solução a que conduz o art. 2278º do CC, ao admitir que os legados remuneratórios possam ser considerados como dívidas da herança? Os legados remuneratórios são liberalidades, no fundo, semelhantes às doações remuneratórias, mas "assumem-se" como dívidas da herança de forma a que sejam cumpridos antes de outros legados. Aliás, se fossem dívidas da herança não haveria forma de ofenderem a legítima dos herdeiros, por não serem liberalidades, nem forma de serem redutíveis (art. 2172º do CC).

Os credores da herança e os legatários gozam de preferência sobre os credores pessoais do herdeiro, e os primeiros sobre os segundos (nº 1 do art. 2070º do CC). Estas preferências mantêm-se durante os cinco anos subsequentes à abertura da sucessão ou à constituição da dívida, se esta é posterior, ainda que a herança tenha sido partilhada; e prevalecem mesmo se um credor preterido adquiriu garantia real sobre os bens hereditários (nº 3 do art. 2070º do CC).

Para além dos herdeiros e, em certos termos, dos legatários, também o usufrutuário da herança, ou de uma quota da herança, pode ser obrigado a satisfazer encargos hereditários.

Em princípio, assiste aos herdeiros a obrigação de cumprir com os encargos, nomeadamente com os legados (arts. 2265º e 2275º do CC), no tempo e no lugar previstos no artigo 2270º do Código Civil. Ora, admite-se, não existindo herdeiros legitimários e tendo toda a herança sido válida e eficazmente distribuída em legados, que o cumprimento dos encargos seja feito pelos legatários. Cada legatário responde, então, pelos encargos da herança na proporção do valor do bem legado. Mas vejamos agora a responsabilidade dos legatários em usufruto.

O usufrutuário da totalidade da herança deve pagar por inteiro o legado de alimentos ou pensão vitalícia; e o usufrutuário de quota na herança deve contribuir para pagar os alimentos ou pensões vitalícias em proporção da sua quota (nºs 1 e 2 do art. 2073º do CC). Trata-se de encargos que devem ser pagos com os rendimentos dos bens, devendo, portanto, recair sobre o usufrutuário que é o titular do direito a esses rendimentos.

Quanto aos outros legados e aos encargos da herança em geral, só responde o titular da nua propriedade, o herdeiro, mas só chegado o termo do usufruto. Contudo, como o titular da nua propriedade não tem rendimentos e, portanto, não tem a possibilidade de pagar esses encargos, a lei estabelece um regime especial que envolve alguns encargos para o usufrutuário, titular do rendimento dos bens.

O usufrutuário tem a faculdade de adiantar as somas necessárias para o pagamento dos encargos hereditários (nº 1 do art. 2072º do CC). Pode pagar diretamente esses encargos, ou limitar-se a adiantar essa soma ao titular da nua propriedade. Findo o usufruto, pode exigir do proprietário a restituição da quantia que despendeu, embora sem juros.

Se o usufrutuário não quiser usar desta faculdade, o número 2 do artigo 2072º do Código Civil concede duas possibilidades ao proprietário: pode pagar os encargos com dinheiro seu, se tiver interesse em conservar os bens; neste caso o proprietário fica com o direito de haver do usufrutuário os juros correspondentes. Se o proprietário não tiver interesse em conservar os bens, pode fazer vender dos bens dados em usufruto os que forem necessários para o pagamento dos encargos.

Antes da partilha, os bens da herança indivisa respondem em conjunto pela satisfação dos encargos da herança (art. 2079º do CC). Depois da partilha, cada herdeiro só responde pelos encargos em proporção da quota que lhe tenha cabido na herança (nº 1 do art. 2098º do CC). Poderão, porém, os herdeiros deliberar que o pagamento se fará à custa de dinheiro ou outros bens separados para esse efeito, ou ficará a cargo de algum ou alguns deles; obrigando tal deliberação os credores e os legatários, nos termos do número 3 do artigo 2098º do Código Civil.

Em suma, a herança, como património autónomo[154] ou como universalidade de direito[155], e só ela, responde pelos encargos da herança, e não o património dos herdeiros. Nos termos do artigo 2097º do Código Civil, na herança indivisa, são apenas os seus bens que respondem coletivamente pelos respetivos encargos e, assim, é contra a herança que os credores têm de agir[156]. Eventualmente, terão de agir contra os legatários, que suportarão os encargos da herança na proporção dos seus legados, se a herança for, toda ela, distribuída em legados (art. 2277º do CC). Fora este caso, os legatários não respondem pelos encargos da herança[157], mas tão só pelos encargos do próprio legado (art. 2276º do CC). O legatário usufrutuário da herança ou de uma quota da herança (art. 2030º, nº 4, do CC) sofre um sacrifício patrimonial decorrente dos encargos da herança, mas não responde diretamente perante os credores da herança (arts. 2072º e 2073º do CC). Outros legatários poderão sofrer um sacrifício patrimonial que advém dos encargos da herança, continuando a herança a responder diretamente perante os credores; quando a herança é insuficiente para pagamento dos legados (art.

[154] Vd., neste sentido, Pereira Coelho, *ob. cit.*, nota 74, p. 85; Oliveira Ascensão, *ob. cit.*, pp. 501-503.

[155] Vd., neste sentido, Carvalho Fernandes, *ob. cit.*, pp. 329-330.

[156] A este propósito, vd. Ac. TRC, de 17-01- 2012 (Proc. Processo nº 181/08.5TBOFR.C1, in www.dgsi.pt) que salienta que *"o credor não pode ser obrigado a aguardar que as partilhas se processem – o que pode até nunca acontecer – para reclamar o seu crédito. Se não houver inventário, se não estiver pendente inventário e se as dívidas não forem pagas voluntariamente pelos herdeiros ou pelo cabeça-de-casal, o credor pode exigir judicialmente o seu crédito dos herdeiros; de todos os herdeiros – já que são eles, todos eles, os representantes da herança (2091º do CC) – qualidade em que são demandados pelos encargos/dívidas da herança (sendo assim partes legítimas em acção destinada à respectiva cobrança)"*.

[157] Segundo Oliveira Ascensão, (*ob. cit.*, pp. 498-499) *"A afirmação de que o legatário não responde pelos encargos da herança deve ser sustentada mesmo perante disposições legais, donde poderia inferir-se apressadamente conclusão contrária. a) Esta não é desmentida pelos encargos do próprio legado: cf. arts. 2224º, nº 2, 2244º e 2276º, por exemplo. Trata-se então de cláusulas ou modos que limitam a atribuição, mas não se abrangem os encargos da herança que são referidos no art. 2068º"*. Pamplona Corte-Real não concorda com esta afirmação, pois *"É a própria lei que admite que encargos de herança previstos no art. 2068º sejam postos a cargo de legatários"*. (*ob. cit.*, nota 208, p. 147).

2278º do CC) ou quando o legado é onerado com o encargo de pagamento do passivo (art. 2276º do CC).

Realizada a partilha, cada herdeiro responde em proporção do valor da sua quota, a não ser que tenha sido deliberado que a satisfação dos encargos se faria à custa de dinheiro ou outros bens separados para o efeito (art. 2098º do CC).

Assim, a lei estabelecer regimes diferentes para a liquidação dos encargos da herança conforme esta se mantenha ainda indivisa ou tenha sido já partilhada[158].

2. Partilha

2.1. Direito à Partilha

Qualquer dos co-herdeiros ou o cônjuge meeiro tem o direito de exigir partilha (nº 1 do art. 2101º do CC). São os interessados diretos na partilha, de acordo com o artigo 4º, nº 1, alínea a), do Regime Jurídico do Processo de Inventário. E, também é interessado direto na partilha o legatário usufrutuário de uma quota da herança. Trata-se de um direito irrenunciável, embora se admita, nos termos do número 2, do artigo 2101º, do Código Civil, que se estipule que o património hereditário se conservará indiviso por certo prazo, que não chegue a cinco anos; sendo lícito renovar esse prazo, uma ou mais vezes, por novos acordos.

Sendo cada um dos herdeiros considerado, desde o momento da abertura da sucessão, sucessor único dos bens que lhe foram atribuídos (art. 2119º do CC), a partilha assume um carácter declarativo. Cada herdeiro já tinha um direito aos bens do seu lote, que adquire diretamente do autor da sucessão. Tudo se passa como se esses bens (exatamente esses bens), tivessem sido sempre seus. Daqui resulta, nomeadamente, a validade dos atos de disposição praticados por um dos co-herdeiros em relação aos bens que lhe venham a caber na partilha.

[158] Cfr. o sumário do acórdão da Relação do Porto de 04-11-1977, *BMJ*, nº 273, p. 322: "*Se os herdeiros já se encontram determinados (embora a herança não esteja partilhada), aqueles são os representantes da herança, porque tal qualidade é-lhes conferida pelo artigo 2091º do Código Civil. E daí que possam ser demandados par dívidas do de cujus, sendo, pois, partes legítimas em acção destinada à respectiva cobrança. Outro problema distinto é o de saber como, determinados os herdeiros, se devem liquidar os respectivos encargos. E aqui tem de se distinguir dois momentos: antes da partilha, os bens respondem colectivamente pela sua satisfação (artigo 2097º); depois da partilha, cada herdeiro responde só pelos encargos na proporção da quota que lhe couber na herança, podendo até os herdeiros deliberar sobre a forma de efectuar esse pagamento (artigo 2098º)*". Cfr., também, Ac. TRP, de 13-01-2003, Rel. Paiva Gonçalves; Ac. TRC, de 12-09-2006, Proc. 65-B/1998, Rel. Artur Dias (ambos in www.dgsi.pt); Oliveira Ascenção, *ob. cit.*, pp. 613 ss.; R. Capelo de Sousa, *ob. cit.*, pp. 118 ss.; e Eduardo dos Santos, *ob. cit.*, pp. 229-230.

A partilha podia fazer-se judicial ou extrajudicialmente, até à Lei nº 23/2013, de 5 de Março. A partilha extrajudicial era feita se houvesse acordo entre os interessados, e nos termos deste acordo, embora tivesse de revestir a forma de escritura pública, se da herança fizessem parte coisas imóveis. A partilha judicial, realizava-se em processo de inventário, quer facultativo, quer obrigatório. Com a entrada em vigor da referida lei, a partilha é realizada nas conservatórias ou por via notarial, no caso de haver acordo dos interessados, ou por meio de inventário, da competência dos cartórios notariais (art. 3º do Regime Jurídico do Processo de Inventário). A intervenção jurisdicional apenas tem lugar para homologação da decisão da partilha (art. 66º do RJPI). Assim, a partilha passou a ser por acordo ou por meio de inventário. Porém, foi aprovado em Conselho de Ministros, no dia 9 de maio de 2019, uma proposta de lei que que tem em vista a alteração do regime aplicável ao processo de inventário. Prevê-se que seja conferida aos interessados a possibilidade de optar pelo recurso ao tribunal ou ao cartório notarial, sendo, no entanto, obrigatória a tramitação no Tribunal, requerida pelo Ministério Público, quando os interesses sejam menores, maiores acompanhados ou ausentes.

2.2. A colação como operação de partilha

O artigo 2104º do Código Civil descreve a colação como sendo a restituição que, para igualação da partilha, os descendentes que queiram entrar na sucessão do ascendente, devem fazer à massa da herança, dos bens ou valores que lhes foram doados por este. É necessário distinguir, antes de mais, entre colação e restituição fictícia dos bens doados (descrita no art. 2162º do CC). A restituição fictícia, é *fictícia* e não real, não implicando, ao contrário da colação, um efetivo aumento da massa hereditária. Além do que, abrange todas as doações feitas aos descendentes ou a quaisquer outras pessoas. E não pretende a igualação da partilha entre os herdeiros legitimários, mas o cálculo da legítima, ou da quota disponível, e a proteção dos legitimários em geral.

Também a colação se distingue da imputação, normal, de qualquer liberalidade do "*de cuius*" numa das quotas, na quota disponível ou na indisponível, quando tal liberalidade se fez ao herdeiro titular dessa quota.

O fundamento da colação residirá na vontade presumida do "*de cuius*" que, ao fazer uma doação a um dos seus descendentes, não terá querido avantajá-lo em face dos outros. Tratar-se-á de uma simples antecipação da quota hereditária do donatário. Estou de acordo em que o "*de cuius*", ao fazer uma doação a um dos seus descendentes, não terá querido mais do que antecipar-lhe a propriedade e o gozo desses bens. Contudo, entendo que esta presunção só funciona nos limites da legítima. Aceito que o "*de cuius*" ao fazer uma doação a um herdeiro legitimário nos quadros da sua legítima, ao atribuir-lhe, portanto, bens que haviam de vir a ser dele (pelo menos no que se refere ao seu montante), quis antecipar-lhe esses bens. Mas se a doação excede as forças da legítima, neste caso julgo que tal presunção já não funciona. Neste caso, o "*de cuius*" quis avantajar um dos seus descendentes em relação aos outros. Quis atribuir bens a que aquele não tinha direito. Assim, com base neste fundamento da colação, julgo que esta não é uma operação de igualação da partilha, mas é uma operação de antecipação dos bens da quota indisponível. O "*de cuius*" não quis doar ao seu herdeiro bens por conta da sua quota hereditária, mas sim, por conta da sua legítima.

Esta interpretação restritiva do artigo 2108º do Código Civil baseia-se, também, em razões que me parecem ponderosas, de ordem social. O instituto da colação, entendido como antecipação de bens em relação à quota hereditária (e não só em relação à legítima), vem, de facto, restringir a liberdade do "*de cuius*" de dispor dos seus bens, liberdade que, hoje, entendo deve ser o mais ilimitada possível, tendo mesmo já defendido a eliminação da sucessão necessária. Limitando a colação o mais possível, restringindo-a à quota legítima alargo a liberdade de disposição patrimonial do "*de cuius*".

Mas não foi seguramente esta a intenção do legislador; o texto da lei é claro em sentido contrário ao que proponho – que se manterá, assim, uma aspiração "*de iure constituendo*".

A obrigação de conferir impende sobre os descendentes presuntivos herdeiros legitimários do doador que pretendam entrar na sucessão deste e não tenham sido dispensados de conferir os bens doados.

Com efeito, a colação pode ser dispensada pelo doador no próprio ato da doação, ou posteriormente (artigo 2113º, nº 1, do CC). A doação será imputada na quota hereditária do donatário (art. 2108º, nº 1, do CC). Se não houver na herança bens suficientes para igualar todos os herdeiros, a doação terá de ser conferida, a partir do limite dessa impossibilidade, embora sem prejuízo de uma eventual redução por inoficiosidade.

Se a doação foi feita por conta da legítima, o donatário é obrigado a conferir todos os bens doados, para igualação da partilha para com os co-herdeiros. Se a doação tiver sido feita com dispensa da colação, é imputada na quota disponível e não tem de ser conferida. Se exceder essa quota, o excesso deverá ser imputado na legítima do donatário.

2.2.1. *O cônjuge sobrevivo e a colação*

Um aspeto em que a posição sucessória do cônjuge sobrevivo parece demasiadamente favorecida, é a das doações sujeitas à colação.

Segundo o artigo 2104º do Código Civil, os descendentes que pretendam entrar na sucessão do ascendente devem restituir à massa da herança, para igualação da partilha, os bens ou valores que lhes foram doados por aquele. Estão sujeitos à colação, os descendentes que eram à data da doação presuntivos herdeiros legitimários do doador (art. 2105º do CC). Ao referir-se aos descendentes presuntivos herdeiros legitimários do doador, a lei quis, aparentemente, excluir da obrigação da colação o cônjuge sobrevivo.

Parece que esta conclusão, além de ser desrazoável para alguns autores[159], não parece ser imposta pela lei.

A colação assenta na presunção de que "*de cuius*", ao fazer em vida algumas liberalidades a um seu presuntivo herdeiro legitimário, não quis avantajá-lo em relação aos outros. Só terá pretendido antecipar-lhe alguns bens, por conta da sua quota hereditária.

Os ascendentes, presumivelmente não sobreviverão ao doador. Nestes termos, as doações de que tenham sido beneficiários, não se devem entender por conta de uma quota hereditária que, pela ordem natural das coisas, nunca virão a receber.

Compreendia-se que, antes de 1978, como só os ascendentes e descendentes eram herdeiros legitimários, só aos últimos o artigo 2104º do Código civil se referia. O que se compreende menos é que, hoje, sendo o cônjuge herdeiro legitimário, não sejam chamadas à colação as doações de que ele beneficiou, pelo artigo 2104º ser omisso em relação a ele. Contudo, para chegarmos a uma conclusão, teremos de determinar qual a intenção provável do doador.

Não terá sido, indubitavelmente, a de lhe permitir gozar, desde já, uma parte do que lhe virá a respeitar mais tarde. Esta fruição já lhe pertence, na medida em que os cônjuges usufruem conjuntamente o seu património.

Terá havido, então, objetivo de o avantajar perante os outros herdeiros legitimários? Não é de excluir "*in limine*" esta interpretação, que fundaria a exclusão destas doações do âmbito da colação. Efetivamente, o cônjuge do "*de cuius*" não vem referido nos artigos 2104º e 2105º do Código Civil como sujeito obrigado à colação – não é descendente do "*de cuius*" sendo, no entanto, presuntivo herdeiro legitimário. Mas também não há nenhuma disposição legal que preveja que as doações a favor do cônjuge sobrevivo são doações com dispensa de colação ou por conta da quota disponível. O número 1 do artigo 2017º do Código Civil prevê que "*Não estão sujeitos a colação os bens ou valores doados ao cônjuge do presuntivo herdeiro legitimário*". O que faz todo o sentido. O cônjuge do presuntivo herdeiro

[159] Tais como, Diogo Leite de Campos (*Lições de Direito da Família e das Sucessões*, 2ª ed. Almedina 2008, p. 589) e R. Capelo de Sousa (*ob. cit.*, vol. II, pp. 224-238). Vd. também Oliveira Ascensão (*ob. cit.*, pp. 531-534). Este último considera *"chocante que o cônjuge concorra com os descendentes, e estes estejam sujeitos à colação e o cônjuge não. Para além de uma posição já tão injustamente beneficiada, dar-se-lhe-ia ainda a vantagem de não entrar em conta com liberalidades em vida, em que da mesma forma não há que presumir que o autor da sucessão tenha querido desigualar ainda mais os descendentes e o cônjuge"*. (p. 532).

legitimário não é presuntivo herdeiro legitimário, nem representante deste. Já o cônjuge do "*de cuius*" é presuntivo herdeiro legitimário. Será este um motivo suficiente para que os bens doados em vida ao cônjuge sobrevivo estejam sujeitos à colação?

Para alguns autores o cônjuge não está sujeito à colação, tal como não estão as doações a favor dos ascendentes, só que, como concorre com descendentes, vai beneficiar do regime da colação destes últimos. Aliás, a colação, tal como dispõe o número 2, do artigo 2108º do Código Civil, visa a igualação de "*todos os herdeiros*", incluindo o cônjuge. Repare-se que o cônjuge sobrevivo, se já tem um estatuto legal privilegiado (a sua legítima subjetiva não pode ser inferior a ¼ da legítima global quando concorre com quatro ou mais filhos – art. 2139º do CC, por força do art. 2157º do CC, *in fine*; a sua legítima subjetiva é superior à dos ascendentes que concorrem com ele – art. 2142º do CC; goza de atribuições preferenciais – arts. 2103º-A e ss. do CC) passa a ter, por um lado com a "dispensa de colação" e por outro com o benefício da igualação, um estatuto ainda mais reforçado. Contrariamente a esta tese defendida por uma parte da doutrina, não nos parece que o legislador tenha querido desigualar ainda mais o cônjuge e os descendentes[160]. Mas temos de admitir que esta posição é a mais conforme com a letra da lei.

Para outros autores, o cônjuge não está sujeito à colação, limitando-se a igualação da partilha aos descendentes[161], ainda que o artigo 2108º indique expressamente que o objetivo do regime da colação seja o de "*igualar todos os herdeiros*".

É uma solução que nos parece mais razoável do que a anterior e tem o mérito de limitar ou delimitar o instituto da colação aos descendentes, em conformidade com os artigos 2104º e 2105º do Código Civil que fazem expressamente referência aos "descendentes". Inadequado seria não sujeitar o cônjuge sobrevivo à colação e ao mesmo tempo permitir que ele beneficiasse dela.

Contudo, admitimos que a conclusão ou solução possa ser outra.

Ao fazer doações ao outro cônjuge, o doador terá tido uma intenção: a de lhe assegurar, por sua morte, a fruição de certos bens mais importantes para o nível de vida do casal, ou a que o outro estivesse sentimentalmente mais ligado. Terá querido preencher qualitativamente a legítima do outro cônjuge. Para obter este resultado, não será necessário eximir as referidas doações ao instituto da colação.

[160] Pamplona Corte-Real propõe então que as doações feitas ao cônjuge sobrevivo que concorre com descendentes sejam imputadas na sua legítima subjetiva para garantir uma partilha mais igualitária ("Da imputação de liberalidades na sucessão legitimária", *Centro de Estudos Fiscais da Direcção-Geral das Contribuições e Impostos*, 1989, pp. 1035-1036 e pp. 1097-1098).

[161] Fernando Nogueira, "A reforma de 1977 e a posição do cônjuge sobrevivo", *ROA*, Ano 40, 1980, pp. 690 ss.; Carvalho Fernandes, *ob. cit.*, pp. 392-393.

Nestes termos, por o cônjuge sobrevivo já estar suficientemente beneficiado, por não se poder presumir uma intenção do "*de cuius*" no sentido de o eximir da colação, por não se verificarem no caso os respetivos pressupostos, propendo a considerar que o cônjuge sobrevivo deve estar sujeito à colação pelas doações que lhe foram feitas pelo "*de cuius*". Assim, a não inclusão do cônjuge sobrevivo na lista dos herdeiros sujeitos a colação, traduz uma lacuna, provocada pelo legislador de 1978. Este, ao incluir o cônjuge sobrevivo na lista dos herdeiros legitimários, "esqueceu-se" de o incluir, por identidade de razões, na lista dos herdeiros sujeitos a colação.

2.2.2. *A igualação*

A colação visa a igualação dos descendentes – e, eventualmente, do cônjuge – na partilha do "*de cuius*", pelo que pressupõe a restituição, em valor ou em espécie, dos bens ou valores doados aos primeiros, bem como as despesas referidas no artigo 2110º do Código Civil, e os frutos da coisa doada, percebidos depois da abertura da sucessão, quando o bem doado esteja sujeito à colação. Entende-se que não estão abrangidos pela colação os bens deixados por testamento e os que foram objeto de doações "*mortis causa*". Isto porque não faz sentido exigir uma restituição, mesmo que fictícia, de bens que cuja propriedade não foi transmitida antes da abertura da sucessão.

Quanto ao valor a conferir, de acordo com o artigo 2109º do Código Civil, é valor que os bens doados tiveram à data da abertura da sucessão. Se tiverem sido consumidos, alienados ou onerados pelo donatário, ou que tenham perecido por culpa sua, atende-se ao valor que esses bens teriam na data da abertura da sucessão, se não fossem consumidos, alienados ou onerados, ou não tivessem perecido. Se se tratar de doações em dinheiro, a atualização far-se-á nos termos do artigo 551º do Código Civil.

Passando agora à questão do âmbito da obrigação de conferir. O artigo 2113º do Código Civil admite que o "*de cuius*" possa dispensar as doações de colação. O que significa que o instituto da colação assume um carácter supletivo. Temos, assim, o regime supletivo legal (arts. 2104º e ss. do CC), o regime da colação absoluta e o regime da dispensa de colação.

No primeiro, o donatário é obrigado a conferir a valor da doação na sua legítima e, em caso de excesso, nas quotas hereditárias a que possa ser chamado[162]. Quando a doação não excede a legítima é possível a igualação absoluta. Quando excede far-se-á a igualação possível.

[162] R. Capelo de Sousa, *ob. cit.*, p. 197.

Na colação absoluta, o que acontece é que o doador estipula que a doação é por conta da legítima[163]. Aqui, o donatário está obrigado a conferir todos os bens. Se estes foram superiores à sua legítima subjetiva, como o autor da sucessão não pretendeu beneficiá-lo, devem ser restituídos à massa da herança[164].

Quando a doação é feita "*com dispensa de colação*" (art. 2113º), a doação é imputada na quota disponível (art. 2114º) e não tem de ser conferida; se exceder essa quota, porém, o excesso deve ser imputado na legítima do donatário. E se a doação exceder a quota disponível e a legítima do donatário, está sujeita a redução por inoficiosidade (arts. 2168º e ss. do CC).

Bibliografia:

Pereira Coelho, *ob. cit.*, pp. 167 a 185; Rabindranath Capelo de Sousa, Lições de Direito das Sucessões, vol. II, 3ª ed. renovada, Coimbra Editora, 2002, pp. 224 e seg..

163 "Por conta da quota indisponível", "com colação ou igualação total", etc..

164 R. Capelo de Sousa, *ob. cit.*, vol. II, pp. 206 ss..

Lição XVI

O Processo de Inventário

1. Noções gerais

"O processo de inventário destina-se a pôr termo à comunhão hereditária ou, não carecendo de se realizar a partilha, a relacionar os bens que constituem objeto de sucessão e a servir de base à eventual liquidação da herança" (art. 2º, nº 1, da Lei nº 23/2013, de 5 de Março, que aprova o atual Regime Jurídico do Processo de Inventário (RJPI))[165].

O inventário pode também destinar-se à partilha consequente à extinção da comunhão de bens entre os cônjuges (art. 2º, nº 3, RJPI).

O regime jurídico do processo de inventário consta da Lei nº 23/2013 de 5 de Março, que revogou a lei 29/2009 de 29 de Junho. Lei que entrou em vigor no primeiro dia útil de Setembro de 2013.

Assinale-se a desjudicialização do processo, na esteira de muitas outras tomadas de posição do legislador. A competência para o processo de inventário é atribuída aos cartórios notariais.

Para assegurar a proximidade do processo com o local do óbito e da abertura da sucessão, é atribuída competência aos cartórios situados no lugar da abertura da sucessão (art. 3º RJPI).

No caso de a sucessão ser aberta fora de Portugal, e se o falecido deixou bens em Portugal, é competente para a habilitação o cartório notarial do município da situação dos imóveis ou da maior parte deles ou, na falta de imóveis, do município onde estiver a maior parte dos móveis (art. 3º, nº 5, RJPI).

Desaparece o controlo jurisdicional do processo, pois o juiz só intervém para homologar a decisão de partilha. As partes são enviadas para os meios judiciais comuns quando as matérias não sejam, pela sua natureza ou complexidade, de facto ou de Direito, suscetíveis de serem decididas no âmbito do processo de inventário. Sem prejuízo de os demais incidentes do inventário deverem ser decididos pelo notário (arts. 14º e 15º RJPI).

[165] Como referimos anteriormente, foi aprovada em Conselho de Ministros, no dia 9 de maio de 2019, uma proposta de lei que que tem em vista a alteração do regime aplicável ao processo de inventário.

Anteriores competências do juiz, como o apuramento de dívida litigiosa, a verificação da insolvência da herança ou a aplicação da sanção prevista para sonegação dos bens, são da competência do notário.

Têm legitimidade para requerer o inventário e para nele intervirem como partes principais, os interessados diretos na partilha e quem exerça responsabilidades parentais e o tutor ou curador quando a herança seja deferida a incapazes ou a ausentes em parte incerta (art. 4º RJPI).

No caso de existirem herdeiros legitimários, os legatários e os donatários são admitidos a intervir em todos os atos, termos e diligências suscetíveis de influir no cálculo ou na determinação da legítima e implicar eventual redução das respetivas liberalidades (art. 4º, nº 2, RJPI).

Os credores da herança e os legatários podem intervir nas questões relativas à verificação e satisfação dos seus direitos (art. 4º, nº 3, RJPI).

A Fazenda Pública tem os seus direitos e interesses tutelados pelo Ministério Público (art. 5º RJPI).

Os incapazes são representados por curador especial quando o representante legal concorra com ele à herança ou a ela concorram vários incapazes representados pelo mesmo representante (art. 7º RJPI).

O ausente em parte incerta é representado por curador especial, no caso de não estar instituída curadoria (art. 7º, nº 2, RJPI).

A nomeação do curador especial é da competência do notário (art. 7º, nº 4, RJPI).

Se falecer algum interessado direto na partilha antes da conclusão do inventário, o cabeça de casal indicará os sucessores do falecido (art. 11º, nº 1, RJPI).

A preferência na alienação dos quinhões hereditários dos interessados na partilha pode ser exercida incidentalmente no processo de inventário, a não ser que envolva a resolução de questões de facto cuja complexidade se revele incompatível com a tramitação daquele processo (art. 12º, nº 1, RJPI).

Se mais do que um interessado se apresentar a preferir, o bem é adjudicado a todos na proporção das suas quotas (art. 12º, nº 2, RJPI).

As certidões extraídas dos processos de inventário valem, sob certas condições, como título executivo (art. 20º RJPI).

2. Processo de inventário

O requerente do inventário dirigido a pôr termo à comunhão hereditária, junta documento comprovativo do óbito do autor da sucessão e indica quem deve exercer as funções de cabeça de casal, segundo a lei civil (art. 21º RJPI).

O cabeça de casal designado pelo notário pode ser substituído a todo o tempo por acordo dos interessados na partilha, devendo fornecer todos os elementos necessários para o prosseguimento do processo de inventário (arts. 22º e 23º RJPI).

O cabeça de casal deve relacionar todos os bens (artigos 24º e 25º), indicando o valor que atribui a cada um deles (art. 26º RJPI).

Os interessados diretos na partilha, quem exercer responsabilidades parentais, a tutela ou a curadoria, os legatários, os credores da massa falida e, havendo herdeiros legitimários, os donatários, devem ser citados do prosseguimento do processo (art. 28º RJPI). Os interessados diretos na partilha, e quem exerce as responsabilidades parentais, a tutela ou a curadoria, podem deduzir oposição ao inventário, impugnar a legitimidade dos interessados citados ou alegar a existência de outros; bem como a competência do cabeça de casal ou as indicações constantes das suas declarações; invocar quaisquer exceções dilatórias (art. 30º RJPI).

Também a relação de bens pode ser objeto de reclamação dos interessados, acusando a falta de bens que devam ser relacionados; requerendo a exclusão de bens indevidamente relacionados; arguindo inexatidão na descrição de bens que releve para a partilha (art. 32º, nº 1, RJPI).

Os interessados podem, com a oposição ao inventário, impugnar o valor indicado pelo cabeça de casal para cada um dos bens, oferecendo o valor que se lhe afigure adequado (art. 33º, nº 1, do RJPI).

No caso de ter sido impugnado o valor dos bens, a respetiva avaliação é feita por um único perito nomeado pelo notário (art. 33º do RJPI).

O cabeça de casal é notificado, no caso de reclamação contra a relação de bens, para relacionar os bens ou dizer o que se lhe oferecer sobre a matéria da reclamação (artigo 35º, nº 1, do RJPI).

A complexidade da matéria de facto ou de Direito pode tornar inconveniente a decisão incidental das reclamações previstas no artigo 35º; o notário remeterá os interessados para os meios judiciais comuns (art. 36º, nº 1, RJPI).

2.1. Dívidas

Os créditos da herança, relacionados pelo cabeça de casal e negados pelo pretenso devedor, são regulados pelo artigo 32º do RJPI, podendo ser excluídas do relacionamento de bens (art. 37º, nº 1, RJPI). Se o crédito for mantido, a dívida considera-se litigiosa (nº 2). Se a dívida for eliminada, os interessados mantêm o direito de exigir o pagamento pelos meios comuns (nº 3).

As dívidas vencidas e aprovadas por todos os interessados devem ser pagas imediatamente a quando da exigência do respetivo pagamento pelo credor (art. 41º, nº 1, RJPI).

Se as dívidas forem aprovadas unicamente por alguns dos interessados, o que as aprovou deve deliberar sobre a forma de pagamento, embora tal deliberação não afete os demais interessados (art. 42º RJPI).

2.2. Conferências: preparatória e dos interessados

O notário, uma vez resolvidas as questões suscitadas e que sejam suscetíveis de influir na partilha e determinados os bens a partilhar, designará dia para a realização da conferência preparatória dos interessados (art. 41º RJPI). Na conferência dos interessados, estes podem deliberar, por maioria de dois terços, do direito à herança e independentemente da proporção de cada quota, o modo de composição dos quinhões (art. 48º, nº 1, RJPI).

Estes podem compor-se dos seguintes modos: designação das verbas que devem compor, no todo ou em parte, o quinhão de cada um deles e os valores por que devem ser adjudicados; indicação das verbas ou lotes e respetivos valores para que, no todo ou em parte, sejam objeto de sorteiro pelos interessados; acordo sobre a venda total ou parcial dos bens da herança e distribuição do produto da alienação pelos interessados (art. 48º, nº 1, RJPI).

A conferência dos interessados é destinada á adjudicação dos bens (art. 49º RJPI).

A adjudicação dos bens é efetuada mediante proposta em carta fechada (art. 50º, nº 1, RJPI).

Os bens não adjudicados mediante propostas em carta fechada são adjudicados por negociação particular a realizar pelo notário (art. 51º RJPI).

2.3. Inoficiosidade

Se algum herdeiro legitimário declarar que pretende licitar sobre bens doados pelo inventariado, a oposição do donatário permitirá requerer a avalização dos bens em causa. A declaração fica sem efeito se o donatário não for obrigado a repor bens.

No caso de a doação ser inoficiosa, há que distinguir.

Se a declaração recair sobre prédio suscetível de divisão, é possível a licitação sobre a parte que o donatário tem de repor, a que não é admitido o donatário (art. 52º, nº 3, al. a), RJPI); recaindo a declaração sobre coisa indivisível, abrir-se-á licitação sobre ela entre os herdeiros legitimários, no caso de a redução exceder metade do seu valor, ficando o donatário obrigado a repor o excesso, caso a redução seja igual ou inferior a essa metade; nos outros casos, o donatário pode escolher, de entre os bens doados, os necessários para o preenchimento da sua quota na herança e nos encargos da doação, devendo repor os que excederem o seu quinhão, abrindo-se licitação sobre os bens repostos, se for ou tiver sido requerida, não sendo o donatário admitido a licitar (art. 52º, nº 3, RJPI).

2.4. Partilha

Seguidamente, os advogados dos interessados são ouvidos sobre a forma da partilha nos termos do artigo 32º (art. 57º, nº 1, RJPI).

Proferido o despacho sobre a forma da partilha, o notário organiza o mapa da partilha (art. 59º RJPI).

Organizado o mapa, os interessados podem requerer qualquer retificação ou reclamar contra qualquer irregularidade (art. 63º, nº 1, RJPI).

2.5. Custas

As custas devidas pela tramitação do inventário são pagas pelos herdeiros, pelo meeiro e pelo usufrutuário de toda a herança ou de parte dela e na proporção do que receberem, respondendo os bens legados subsidiariamente pelo seu pagamento (art. 67º, nº 1, RJPI).

Lição XVII

Sucessão Legítima e Legitimária

Introdução

Terminada a parte geral do Direito das Sucessões, início, com esta lição, a parte especial: sucessão legítima, sucessão legitimária, e sucessão testamentária – já que tratei da sucessão contratual logo no início.

Na lição que se segue, e que versa sobre a sucessão legítima, indicarei fundamentalmente os pressupostos deste tipo de sucessão, a ordem dos sucessíveis e alguns princípios gerais.

Na segunda parte da lição, que versa sobre a sucessão legitimária, descreverei a noção de legítima, a natureza jurídica da legítima, e indicarei os sucessíveis legitimários, apreciando "*de iure constituendo*" a sucessão do cônjuge sobrevivo; passarei à medida e ao cálculo da legítima, terminando com as medidas destinadas a proteger a legítima.

1. Sucessão legítima

1.1. Pressupostos

A sucessão legítima abre-se quando não há testamento, ou o testador só dispôs de parte dos seus bens; mas também, quando o testamento não é válido, ou não é eficaz porque foi revogado ou caducou (art. 2131º do CC).

Sobre o fundamento da sucessão legítima, ou seja, sobre as razões que levaram o legislador a consagrá-la, têm-se defendido dois pontos de vista.

Segundo um, a sucessão legítima assentaria na vontade presumida do "*de cuius*". Atendendo à particular ligação afetiva que existirá entre o "*de cuius*" e os seus parentes mais próximos, sucessores legítimos, a lei, na falta de testamento, devolve os bens do autor da sucessão a esses parentes; como o autor da sucessão o teria feito se tivesse lavrado um testamento. Este testamento atribuiria os bens a esses parentes próximos, e pela ordem de proximidade de parentesco que seria também uma ordem de afetividade.

Parece, porém, que a verdadeira justificação se encontra nas raízes familiares do direito de propriedade. Tive ocasião de dizer, e de repetir, que o direito de propriedade é mais familiar do que individual. Os bens são gozados por um conjunto de parentes mais próximos do seu "proprietário", que têm uma expectativa de vir a recebê-los por morte deste. É do interesse social que assim seja, tanto mais que estes parentes próximos estão particularmente situados para poderem prover à conservação e administração dos bens sem cortes bruscos.

1.2. Ordem da sucessão legítima. Princípios gerais

São herdeiros legítimos o cônjuge, os parentes e o Estado, pela ordem e segundo as regras constantes do presente título, determina o artigo 2132º do Código Civil.

A ordem por que são chamados os herdeiros é a seguinte: cônjuge e descendentes; cônjuge e ascendentes; irmãos e seus descendentes; outros colaterais até ao quarto grau; Estado.

O artigo 2133º, número 1, do Código Civil, ressalva o disposto no título da adoção, o que significa que: no caso da adoção plena, por aplicação do artigo 1986º, número 1, do Código Civil, o adotado e seus descendentes são herdeiros legítimos em relação ao adotante e seus parentes, do mesmo modo que o adotante e seus parentes são herdeiros legítimos do adotado e descendentes; no caso da adoção restrita (revogado pela Lei nº 143/2015, de 8 de Setembro), nos termos do revogado artigo 1999º do Código Civil[166], o adotado e seus descendentes eram herdeiros legítimos do adotante e o adotante era herdeiro legítimo do adotado. Sublinhe-se que, somos de opinião que os adotados restritos e seus descendentes continuam a ter uma posição sucessória na sucessão legítima[167]. No entanto, admitindo-se posições contrárias, por aplicação do artigo 12º do Código Civil,

[166] O artigo 1999º do CC previa que *"1. O adoptado não é herdeiro legitimário do adoptante, nem este daquele.*
2. O adoptado e, por direito de representação, os seus descendentes são chamados à sucessão como herdeiros legítimos do adoptante, na falta de cônjuge, descendentes ou ascendentes.
3. O adoptante é chamado à sucessão como herdeiro legítimo do adoptado ou de seus descendentes, na falta de cônjuge, descendentes, ascendentes, irmãos e sobrinhos do falecido."

[167] Como afirma Baptista Machado (*Introdução ao Direito e ao Discurso Legitimador*, 13ª reimp., Almedina, 2001, pp. 219 e ss.) a entrada em vigor de um novo sistema jurídico não provoca um corte radical na continuidade da vida social. Há situações jurídicas no passado que se prolongam no futuro. *"Cabem ao direito duas funções diferentes, tendencialmente antinómicas: Uma função estabilizadora, capaz de garantir a continuidade da vida social e os direitos e expectativas legítimas das pessoas, e uma função dinamizadora e modeladora, capaz de ajustar a ordem estabelecida à evolução social e de promover mesmo esta evolução num determinado sentido" (p. 223). Tam-bém Oliveira Ascensão (R.O.A., 1997, nº 3, 915) afirma que "... a interpretação não se pode bastar nunca com o texto e o espírito da lei. Há um elemento essencial que é a base de toda a interpreta-ção: é a própria ordem social em que o texto se situa. De facto, a lei vigora numa ordem social. As palavras da lei são indecifráveis se não forem integradas naquela ordem social."*

convém, para que os adotantes e adotados restritos mantenham a posição sucessória que era a deles, na sucessão legítima, que disponham do seu património sucessório por testamento. Assim, não correm o risco de serem preteridos por sucessíveis legítimos.

Importa agora proceder ao estudo de cada uma das classes de sucessíveis.

O cônjuge sobrevivo integra a primeira classe de sucessíveis, salvo se o autor da sucessão falecer sem descendentes e deixar ascendentes, caso em que integra a segunda classe, conforme acabei de referir. O cônjuge não é chamado à herança se à data da morte do autor da sucessão se encontrar divorciado ou separado de pessoas e bens, por sentença que já tenha transitado ou venha a transitar em julgado; ou ainda se a sentença de divórcio ou separação vier a ser proferida posteriormente àquela data nos termos do número três do artigo 1785º (art. 2133º, nº 3, do CC)[168]. Também não é chamado se tiver celebrado um pacto sucessório renunciativo (art. 1700º, nº 1, al. c), do CC).

Na falta de cônjuge, a herança divide-se pelos descendentes do "*de cuius*" (art. 2139º do CC) ou, no caso de não haver descendência, pelos ascendentes do "*de cuius*" (2142º, nº 2, do CC).

Na falta de cônjuge, descendentes e ascendentes, nos termos do revogado artigo 1999º, número 2, do Código Civil, os adotados restritamente e os seus descendentes, por direito de representação, são chamados à totalidade da herança. Na falta destes últimos, são chamados à sucessão os irmãos (germanos, consanguíneos ou uterinos) e seus descendentes por direito de representação (arts. 2145º e 2146º do CC). Na classe seguinte temos (ou tínhamos) o adotante restrito (art. 1999º, nº 3 do CC – revogado). Segue-se a classe dos outros colaterais até ao quarto grau, que não sejam os irmãos do "*de cuius*" e seus descendentes (art.

No caso concreto, o adotado ou adotante restritamente não adquiriu à luz da Lei nova o direito de suceder, esse só se dá com a abertura da sucessão, mas tornou-se à luz da Lei antiga sucessível legítimo; foi designado herdeiro legítimo. Por isso, aplicar a Lei nova, que não prevê direitos sucessórios a favor dos adotados e adotantes restritos, a um facto anterior (a adoção restrita e a designação sucessória dos adotados e adotantes restritos), seria cometer retroatividade, quando o que nasce com valor jurídico conserva-o. Os direitos sucessórios em causa poder-se-iam considerar indissoluvelmente ligados ao facto que os originou, estando sujeitos à lei desse facto. Uma interpretação diferente frustraria as expectativas dos adotados e adotantes.
Para resolver esta situação a lei de 2015 poderia ter estabelecido disposições transitórias. Não o fez. Na falta desse direito transitório a solução só pode ser encontrada por aplicação/interpretação do artigo 12º do Código Civil.

[168] Esta norma não sofreu alterações desde a reforma do Código Civil de 1977 e contem expressões desadequadas face ao novo regime do divórcio e da separação de pessoas e bens. Desde logo, não se percebe como pode o legislador manter expressões tais como "separação judicial", "sentença transitada em julgado" quando existe a possibilidade do divórcio e a separação de pessoas e bens por mútuo consentimento não seguirem a via judicial.

2147º do CC). Na última classe, como referimos anteriormente, temos o Estado (art. 2152º do CC).[169]

Em matéria de sucessão legítima, existem três princípios fundamentais.

O princípio da preferência de classe significa que os herdeiros de cada uma das classes de sucessíveis preferem aos das classes imediatas (art. 2134º do CC).

Segue-se o princípio da preferência de grau de parentesco dentro de cada classe: dentro de cada classe os parentes de grau mais próximo preferem aos de grau mais afastado (art. 2135º do CC). Determina o princípio da sucessão por cabeça: os parentes de cada classe sucedem por cabeça ou em partes iguais, salvas as exceções previstas no Código (art. 2136º do CC).

2. Sucessão legitimária

2.1. Noção de legítima. Natureza jurídica da legítima

Entende-se por legítima a porção de bens de que o testador não pode dispor, por ser legalmente destinada aos herdeiros legitimários (art. 2156º do CC).

O artigo 2156º do Código Civil descreve a legítima sob duas perspetivas: a do autor da sucessão e a dos herdeiros legitimários. Para o autor da sucessão, a legítima é a porção de bens de que não pode dispor; para os herdeiros legitimários, a legítima é a porção de bens que lhes é legalmente destinada. Coincidem, assim, as noções de *legítima* (para os herdeiros legitimários) e de *quota indisponível* (para o autor da sucessão).

Quanto à natureza jurídica da legítima, há que acentuar que esta não é o direito a uma *parte do valor dos bens* da herança, mas sim o direito a uma *parte dos bens* da herança[170]. O herdeiro legitimário não é um simples credor da herança por uma quantia em dinheiro calculada sobre o valor desta; mas tem o direito a uma quota abstrata da herança. Este ponto de vista resulta, não só da definição

[169] Antes da revogação da adoção restrita, a ordem por que eram chamados os herdeiros legítimos era, conjugando-se o art. 1999º com o art. 2133º do CC, a que se segue:

a) Cônjuge e descendentes;
b) Cônjuge e ascendentes;
c) Adotado (adoção restrita) e seus descendentes;
d) Irmãos e sobrinhos;
e) Adotantes (adoção restrita);
f) Outros descendentes dos irmãos, além dos sobrinhos;
g) Outros colaterais até ao quarto grau (tios, parentes no 3º grau da linha colateral; primos, parentes no 4º grau da linha colateral e tios-avós, parentes no 4º grau da linha colateral);
h) Estado.

[170] Neste sentido, cfr. Galvão Telles, *ob. cit.*, 2004, p. 54; Pereira Coelho, *ob. cit.*, p. 314; R. Capelo de Sousa, *ob. cit.*, vol. I, pp. 151, 158 e 161; J. Duarte Pinheiro, *ob. cit.*, 1996, pp. 194, 195, 198 e 230.

de legítima como "*porção de bens*" (art. 2156º do CC), como do princípio da intangibilidade da legítima (art. 2163º do CC): o testador não pode designar os bens que devem preencher a legítima; bem como da circunstância de a redução das liberalidades inoficiosas se fazer em espécie (art. 2174º do CC). Assim, quando se afirma que o "*de cuius*" deixara três casas no valor de trezentos mil euros, os herdeiros legitimários têm direito a uma quota das *três casas,* embora suscetível de avaliação pecuniária, em termos de fração dos trezentos mil euros.

2.2. Sucessíveis legitimários

São herdeiros legitimários o cônjuge, os descendentes e os ascendentes, pela ordem e segundo as regras estabelecidas para a sucessão legítima (art. 2157º do CC).

A legítima do cônjuge, se não concorrer com descendentes nem ascendentes, é de metade da herança (art. 2158º do CC). A legítima do cônjuge e dos filhos, em caso de concurso, é de dois terços da herança (art. 2159º, nº 1, do CC). Não havendo cônjuge sobrevivo, a legítima dos filhos é de metade ou dois terços da herança, conforme exista só um filho ou existam dois ou mais (art. 2159º, nº 2, do CC). Os descendentes do segundo grau e seguintes têm direito à legítima que caberia ao seu ascendente, sendo a parte de cada um fixada nos termos prescritos para a sucessão legítima (art. 2160º do CC).

A legítima do cônjuge e dos ascendentes, em caso de concurso, é de dois terços da herança. Se o autor da sucessão não deixar descendentes nem cônjuge sobrevivo, a legítima dos ascendentes é de metade ou de um terço da herança, conforme forem chamados os pais ou os ascendentes do segundo grau e seguintes (art. 2161º do CC).

2.3. *A sucessão do cônjuge*

O estatuto sucessório do cônjuge, consagrado pela reforma do Código Civil de 1977, tem sofrido críticas por parte de importantes sectores da sociedade portuguesa e do meio jurídico[171].

Há que o apreciar, "*de iure constituendo*", integrado na perspetiva global do estatuto patrimonial da família.

Como se sabe, o regime supletivo de bens previsto no Código Civil de 1867 era o da comunhão geral de bens. Consubstanciava-se numa comunhão entre os cônjuges, de todos os seus bens presentes e futuros, não excetuados na lei

[171] Galvão Telles, *Sucessão legítima e sucessão legitimária*, Coimbra Editora, 2004, p. 48, pronuncia-se sobre a reforma de 1977 nestes termos: o "*cônjuge tornou-se herdeiro legitimário (o que está certo), mas em propriedade (o que não está certo)*"; Oliveira Ascensão, *ob. cit.*, p. 532, considera "*chocante que o cônjuge concorra com os descendentes e estes estejam sujeitos à colação e o cônjuge não*", quando já tem uma posição "*tão injustamente beneficiada*".

(art. 1108º do CC). No caso de morte ou de separação, os bens comuns seriam repartidos entre os cônjuges, ou seus herdeiros, com a devida igualdade (art. 1123º do CC).

Para compreender o estatuto patrimonial do cônjuge nos quadros do direito patrimonial da família tinha de se combinar o regime de bens supletivo, a comunhão geral, com o estatuto sucessório desse cônjuge.

A comunhão geral de bens permitia uma adequada proteção do cônjuge sobrevivo. A sobrevivência deste, a um nível de vida equiparável ao anterior, parecia ser assegurada através da sua meação nos bens comuns.

Sob o ponto de vista sucessório, a ordem legal da sucessão legítima colocava primeiro os descendentes, seguidos dos ascendentes, dos irmãos e seus descendentes, do cônjuge sobrevivo e dos outros colaterais até ao sexto grau (art. 1969º do CC). Esta ótica parecia justificar-se numa lógica de conjunto. O viúvo já estava garantido pela sua meação nos bens do casal; além disso, a lei atribuía-lhe o usufruto da totalidade da herança se esta fosse devolvida aos irmãos ou seus descendentes (art. 2003º, parágrafo único, do CC); o usufruto de metade da herança, se esta competisse aos ascendentes ilegítimos (arts. 1995º e 1999º do CC). Tratava-se, porém, de um legado legítimo eliminável por testamento.

Nos casos em que os direitos derivados do regime de bens não assegurassem a sobrevivência do viúvo, este teria duas faculdades: pedir alimentos aos seus descendentes (art. 172º do CC), que seriam normalmente herdeiros do cônjuge pré-defunto; exercer o seu direito de apanágio, garantido pelos rendimentos da herança do cônjuge falecido (art. 1231º do CC) e exercitável contra quem quer que tenha beneficiado da herança (art. 1232º, parágrafo único, do CC).

Nestes quadros pode afirmar-se que a proteção do cônjuge sobrevivo era garantida através do seu direito de propriedade sobre metade dos bens comuns, que coincidiriam com o património do casal.

O Código Civil de 1966 veio estabelecer a comunhão de adquiridos como regime supletivo, por razões que já indiquei.

Contudo, o cônjuge continua a não ser herdeiro legitimário, categoria reservada aos ascendentes e descendentes (art. 2157º do CC).

É, porém, herdeiro legítimo – em quarta posição, depois dos descendentes, ascendentes, dos irmãos e seus descendentes, e antes dos outros colaterais até ao sexto grau (art. 2133º do CC). Se a sucessão fosse diferida aos irmãos e seus descendentes, o cônjuge sobrevivo teria direito, como legatário legítimo, ao usufruto vitalício da herança (art. 2146º do CC).

O saldo do Código de 1966, em relação ao de 1867, era, assim, nitidamente desfavorável ao cônjuge sobrevivo. Este perdia a sua meação da globalidade do património conjugal e mantinha uma posição sucessória apagada, substancialmente idêntica à anterior.

Creio, porém, que a realidade social nos leva a não ser severos para com o legislador de 1966.

Um Código Civil tem que ser elaborado com vista ao longo prazo. E qual era a evolução da família que já se desenhava em Portugal?

A estabilidade dos patrimónios encontra-se progressivamente comprometida na sociedade contemporânea. O nível de vida das famílias é mais assegurado pelos rendimentos do trabalho, do que pelo que se venha a receber gratuitamente. A sobrevivência económica do viúvo assentará cada vez mais na sua capacidade de trabalho, na Segurança Social, e no que tenha adquirido em conjunto com o cônjuge pré-morto através dos esforços de ambos. Deste modo, os interesses e as expectativas dos cônjuges assentarão sobretudo na massa comum dos adquiridos.

É certo, porém, que a família se centrava progressivamente na família conjugal, com os cônjuges constituindo, não tanto um núcleo central, pois sempre o tinham sido, mas quase que o núcleo exclusivo, o que exigia uma consideração particularmente cuidadosa dos laços entre eles. O tecido entre pais e filhos apresentava uma textura mais débil. A convivência era menor; os filhos saiam mais cedo de casa e mudavam mais frequentemente e para localidades diversas. Cada cônjuge aparecia, não só nos princípios mas também na realidade, o familiar mais próximo do outro.

Sobre este ponto de vista, o regime supletivo parecia não traduzir fielmente a realidade social, não acentuando suficientemente o maior peso relativo do núcleo conjugal.

Mas este desfasamento era facilmente colmatado. Eram relativamente frequentes os casos em que os cônjuges dispunham, por testamento, da sua quota disponível a favor do outro (com consequências fiscais pesadas, embora). Se o casamento se dissolvesse por morte, o viúvo teria ao seu dispor uma parte importante – quando não a mais vultosa – do património familiar. No caso de crise, o testamento seria revogado, e o locupletamento evitado.

Assim se obtinha, na vida quotidiana, através da combinação do regime de bens, da posição sucessória do cônjuge sobrevivo e da sucessão testamentária, um estado de coisas que se ia adaptando flexivelmente à evolução dos costumes, por muitas críticas de que fosse passível no plano dos princípios.

Flexibilidade e adaptação à vida quotidiana que eram frontalmente contrariadas pela extrema rigidez com que o legislador entendia a instituição do casamento e a sua dissolução, estabelecendo toda a espécie de barreiras, injustificáveis já para a época, à dissolução do casamento.

Com a reforma do Código Civil de 1978 foi introduzida uma significativa alteração no estatuto sucessório do cônjuge.

Na ordem da sucessão legítima, o cônjuge, acabei de o referir, passa para as primeira e segunda classes, em concorrência com os descendentes e os ascendentes, e em prejuízo dos colaterais.

O cônjuge ocupa uma posição privilegiada, mesmo em relação aos descendentes. Assim, o artigo 2139º do Código Civil dispõe que a partilha entre os cônjuges e os filhos se faz por cabeça, dividindo-se a herança por tantas partes quantos forem os herdeiros. Mas a quota do cônjuge não pode ser inferior a uma quarta parte da herança.

Esta vantagem acentua-se perante os ascendentes. Se não houver descendentes e o autor da sucessão deixou cônjuge e ascendentes, ao cônjuge pertencerão duas terças partes e aos ascendentes uma terça parte da herança (art. 2142º do CC).

Na falta de descendentes e ascendentes, o cônjuge é chamado à totalidade da herança (art. 2144º do CC).

Mas, além de herdeiro legítimo em posição privilegiada, o cônjuge sobrevivo é também herdeiro legitimário. Assim, o artigo 2157º do Código Civil dispõe que são herdeiros legitimários, o cônjuge, os descendentes e os ascendentes, pela ordem e segundo as regras estabelecidas para a sucessão legítima. O que transfere para a sucessão legitimária a posição privilegiada do cônjuge herdeiro legítimo.

A legítima do cônjuge, se este não concorrer com descendentes nem ascendentes, é de metade da herança (art. 2158º do CC). A legítima do cônjuge e dos filhos, em caso de concurso, é de dois terços da herança. Como, se não houver cônjuge sobrevivo, a legítima dos filhos é de metade ou dois terços da herança, conforme haja um só filho, ou dois ou mais; verifica-se que o cônjuge sobrevivo, enquanto herdeiro legitimário isolado, é colocado em posição de igualdade com os filhos.

Na hipótese de concurso entre cônjuge e ascendentes, a legítima é de dois terços da herança (art. 2161º do CC). Se o autor da herança não deixar descendentes nem cônjuge sobrevivo, a legítima dos ascendentes é de metade ou de um terço da herança, conforme forem chamados os pais ou os ascendentes do segundo grau ou seguintes (art. 2161º, nº 2, do CC). O cônjuge isolado, é assim, equiparado aos pais do "*de cuius*" no seu conjunto.

E, ainda, quando o cônjuge concorre com quatro ou mais filhos, como a parte daquele que não pôde ou não quis aceitar é dividida pelos outros, respeitando-se a proporção entre eles, e a legitima subjetiva do cônjuge não pode ser inferior a um quarto (1/4) da quota indisponível (art. 2139º, nº 1, do CC, que se aplica à sucessão legitimária por remissão do art. 2157º do CC), por direito de acrescer vai também receber mais do que os outros com quem concorre, na proporção da sua quota. O que significa que um quarto (1/4) da quota do filho que não pode ou não quis aceitar a herança vai para o cônjuge, sendo os restantes três quartos (3/4) divididos pelos outros descendentes.

Entendemos que não deveria haver proporcionalidade, uma vez que o cônjuge já está suficientemente, ou mesmo exageradamente, protegido. Mesmo que o legislador não tenha pensado nas consequências da proporcionalidade em caso de concurso entre o cônjuge sobrevivo e quatro e mais filhos, julgamos que as regras do acrescer, mais desenvolvidas na sucessão testamentária, devem estender-se à sucessão legal.

Quando o cônjuge concorre com ascendentes, se algum ou alguns dos ascendentes não puderem ou não quiserem aceitar a herança, a sua parte não acresce à do cônjuge – cuja legitima subjetiva é de duas terças partes da quota indisponível (2/3), quando a dos ascendentes é de uma terça parte (1/3) – mas às dos outros ascendentes que concorram à sucessão. Se não houver ascendentes a concorrer à sucessão com aquele ascendente que não pode ou não quis aceitar a herança, prevê o artigo 2143º do Código Civil que haverá direito de acrescer a favor do cônjuge sobrevivo.

Primeiro dá-se o direito de acrescer entre ascendentes. Só acresce à legítima do cônjuge se todos os ascendentes, por exemplo, repudiarem a herança. O mesmo será dizer que o cônjuge sobrevivo é chamado à totalidade da herança, por falta de descendentes e ascendentes (art. 2144º do CC).

Além do que fica dito, o cônjuge tem o direito a ser encabeçado em certos direitos. São eles o direito de habitação da morada da família e o direito de uso do respetivo recheio (art. 2103º-A do CC). Deverá tornas aos co-herdeiros se o valor recebido exceder o da sua parte sucessória e meação se a houver.

Na mesma orientação, o artigo 1106º do Código Civil prevê a transmissão do arrendamento para habitação quando ao arrendatário falecido sobreviva cônjuge com residência no locado. Esta transmissão pressupõe que o direito ao arrendamento não se comunicou entre os cônjuges, em virtude do regime de bens.[172]

Um aspeto em que a posição do cônjuge sucessório estaria particularmente favorecida, seria o das despesas sujeitas a colação, se entendermos que ele não é obrigado a restituir à massa da herança, para igualação da partilha, os bens ou valores que lhe foram doados pelo "*de cuius*". A dispensa de colação avantajá-lo-ia claramente perante os descendentes sujeitos à colação.

A situação sucessória do cônjuge sobrevivo necessita de uma análise detalhada que suscitará, em meu entender, algumas críticas.

[172] Rita Lobo Xavier, "O Regime dos Novos Arrendamentos Urbanos e a perspetiva do Direito da Família", in *O Direito*, nº 136, 2004, II-III, p. 331.

Não há que pôr em causa a consideração de cada cônjuge como o familiar mais próximo do outro, com todas as consequências, nomeadamente patrimoniais, que daí derivam. Sempre assim foi, pelo menos no plano social.

Mas a definição do estatuto patrimonial dos cônjuges joga com interesses e levanta problemas pertencentes ao Direito da Família e das Sucessões que têm de ser harmonizados. Os pontos de vista patrimonial e pessoal, as noções de família e de casal – com todos os interesses subjacentes, a afeição entre esposos e para com os filhos, a necessidade de manter a linhagem familiar e de assegurar a sobrevivência do viúvo, etc., serão outros tantos pontos de referência.

Mais proximamente, haverá que conexionar estreitamente o regime de bens do casamento com o estatuto sucessório do cônjuge sobrevivo.

Creio que a posição sucessória do cônjuge sobrevivo é, no atual Direito Português, contraditória com alguns dos interesses familiares com relevância social, bem como com o regime supletivo de bens, iludindo alguns dos interesses que estão na base deste.

A introdução do regime da comunhão de adquiridos, em substituição da comunhão geral de bens, foi, desde logo, o resultado da verificação de um certo afrouxamento dos laços pessoais entre os cônjuges – ou, pelo menos, da consideração de que estes laços se afrouxavam ou se dissolviam num número muito significativo de casos. Foi, sem dúvida, mais proximamente, o produto de dois objetivos: o de evitar que o casamento se transforme num meio de adquirir, e o de impedir que os bens mudem de linhagem.

A não alteração, em 1978, do regime supletivo de bens, terá significado que aquelas razões se mantinham válidas.

Sucede que o estatuto sucessório do cônjuge sobrevivo, parece contrariar as razões que estão na base da manutenção do regime supletivo da comunhão de adquiridos. Com efeito, vem reafirmar uma espessura do tecido familiar do núcleo conjugal, que o regime supletivo de bens negou. E que as medidas tomadas nos últimos anos quanto à liberação do divórcio também negam.

O casamento-instituição tradicional, moldado e sustentado em larga medida pelas pressões sociais – o direito aqui compreendido – é posto em causa em benefício do casamento-contrato. O novo casamento "valerá o que valerem os cônjuges". O seu fim estará, (ou deveria estar) sem constrangimentos externos, nas mãos dos interessados.

Como aceitar, assim, que este casamento "valha necessariamente" uma herança? Concordo em que o viúvo poderá ter colaborado na produção e conservação dos bens, pelo que lhe deverá competir uma parte deles. Mas trata-se de um argumento a situar na problemática do regime de bens. A colaboração na produção de bens já é contemplada na comunhão de adquiridos.

A desinstitucionalização do casamento deveria levar ao afrouxamento dos laços jurídicos entre os cônjuges, através de uma redução ou eliminação dos bens comuns e dos poderes de administração também comuns. Mas deveria determinar também o esbatimento, ou mesmo a supressão, dos direitos sucessórios imperativos do cônjuge sobrevivo. Transformar um cônjuge em herdeiro forçado do outro é, ao arrepio das tendências que temos vindo a descrever e da lógica, acentuar ainda mais a comunhão patrimonial perante um casamento cada vez mais flexível e cada vez mais temporário.

O sistema sucessório vigente é passível ainda de outra crítica. O casamento, dissolvido por morte, é causa de aquisição patrimonial. Ressuscita-se, sucessoriamente, o casamento-negócio. O que foi, sem dúvida, um resultado que o legislador quis evitar com a eliminação da comunhão geral como regime supletivo. Hoje será necessário esperar mais um pouco: em vez de se adquirir com o casamento, herda-se, necessariamente, com o falecimento do outro cônjuge.

Aliás, a norma em causa vai permitir claras fraudes a outras disposições.

Segundo o artigo 1720º, nº 1, alínea b), do Código Civil, o casamento, celebrado por quem tenha completado sessenta anos de idade, considera-se sempre contraído sob o regime de separação de bens[173]. Visa-se, deste modo, embora desrespeitando-se o artigo 18º da Constituição da República Portuguesa, salvaguardar o interesse dos nubentes de idade "avançada", talvez senilmente generosos para com o outro esposado. E, além disso, pretende-se evitar os casamentos por interesse, avivado este pela presumível morte próxima do cônjuge mais abastado.

Sucede, porém, que se abriu largamente a janela sucessória aos casamentos por interesse: agora, o nubente interesseiro é herdeiro legitimário, e se não houver descendentes nem ascendentes, herdará mesmo tudo. Bastar-lhe-á um pouco de paciência.

Finalmente, o estatuto de herdeiro legitimário do cônjuge sobrevivo vem contrariar outra das finalidades do regime da simples comunhão de adquiridos: evitar que os bens mudem de linhagem. Suponha-se a seguinte situação: João casado com Maria, falece, havendo filhos comuns. Parte do património de João transmite-se para Maria. Esta volta a casar-se. O seu novo cônjuge, bem como os filhos comuns, vão herdar necessariamente parte dos bens da Maria, que eram bens do João.

Não me parece que estas soluções sejam convenientes, e aceites pela maioria da população portuguesa.

A proteção do cônjuge sobrevivo é um interesse socialmente legítimo, mas que deve ser assumido em termos sociais. Resultará, antes de mais, do regime de

[173] Sobre este regime, Rita Lobo Xavier, *Limites à autonomia privada na disciplina das relações patrimoniais entre os cônjuges*, Col. Teses, Almedina, 2000, pp. 195 e ss..

bens que os cônjuges tenham decidido livremente estabelecer. Há inconvenientes nos regimes de comunhão, mas não julgo adequado impedir os cônjuges de os convencionarem.

Essa proteção resultará, seguidamente, das deixas testamentárias que um dos cônjuges entenda fazer ao outro. Do meu ponto de vista, a liberdade de testar deve ser o mais vasta possível, devendo-se restringir até desaparecer a sucessão legitimária. Os pactos sucessórios institutivos também podem ter uma função com contornos de solidariedade familiar[174].

Finalmente, a Segurança Social deverá intervir para socorrer as pessoas que não possam assegurar a sua subsistência com os bens próprios (adquiridos pelo seu trabalho ou herdados) ou pelo seu trabalho.

Julgo que ir-se mais longe do que estas regras, contrariará o sentido atual do casamento. Deixar que o casamento valha, sob o ponto de vista pessoal, que é o mais importante, o que os cônjuges quiserem; e impor consequências patrimoniais rígidas, nomeadamente no aspeto sucessório, parece-me uma contradição inaceitável jurídica e socialmente.

2.4. Cálculo da legítima: procedimento

A legítima é, já o referi, uma certa quota da herança. Mas... uma quota de quê? O que é a herança para efeitos de cálculo da legítima?... são os bens deixados?... os bens deixados, mais alguma coisa? Se for só os bens deixados, a expectativa dos herdeiros legitimários aos bens de que o "*de cuius*" era proprietário em vida (mais precisamente, a uma quota desses bens) poderá ser destruída pela disposição a título gratuito desses bens durante a vida do "*de cuius*".

O artigo 2162º do Código Civil fixa a massa de cálculo da legítima: para o cálculo da legítima, deve atender-se ao valor dos bens existentes no património do autor da sucessão à data da sua morte, ao valor dos bens doados, às despesas sujeitas à colação e às dívidas da herança. A legítima é, assim, uma certa quota da massa de cálculo assim obtida.

O cálculo da legítima faz-se segundo o procedimento que passo a enunciar.

Antes de mais, e como fase anterior e pressuposta, há que determinar quais são os herdeiros legitimários, e a que título sucedem (direito de representação, por exemplo).

174 Para Remédio Marques, os pactos sucessórios institutivos são um meio de proteção das pessoas idosas, garantindo-lhes a manutenção e a prestação de serviços por terceiros, in "o direito das sucessões nos cem anos do Boletim da Faculdade de direito de Coimbra", *Boletim da Faculdade de Direito da Universidade de Coimbra* (FDUC), vol. Comemorativo (1914-2014), vol. XCI, Coimbra, 2015, p. 619 e "em torno do estatuto da pessoa idosa no direito português", *Boletim da FDUC*, vol. LXXXIII, 2007, p. 183 e ss..

Depois de determinados os herdeiros legitimários, seguem-se quatro operações: avaliação dos bens deixados; dedução das dívidas da herança; restituição fictícia dos bens doados e despesas sujeitas à colação[175]; imputação das liberalidades feitas por conta da legítima.

A dedução das dívidas da herança deve fazer-se dos bens deixados e só deles. Não deve fazer-se da soma dos bens deixados com os bens doados, pois os credores hereditários não podem pagar-se com estes últimos[176]. Os bens doados, que entram para o cálculo da massa da herança, constituem uma espécie de reserva hereditária que virá a fundar e a constituir a legítima dos herdeiros legitimários. Ao referir a restituição fictícia dos bens doados, acentua-se que a herança, para efeitos de cálculo da legítima, é constituída pelos bens deixados e também pelos bens doados, ou seja, pelos "*relicta*" e pelos "*donata*".

Avaliados os bens deixados ("*relictum*") – os bens que se encontram no pa-trimónio do autor da sucessão à data da sua morte; os bens objeto de doações "*mortis causa*" –, deduzidos destes as dívidas da herança, e restituídos ficticiamente os bens doados "*inter vivos*" e as despesas sujeitas a colação ("*donatum*"), para efeitos de cálculo da massa da herança, tem-se a massa de cálculo sobre a qual se vai calcular a legítima[177]. A legítima será, já o referi, uma certa quota, um terço (art. 2161º, nº 2, do CC), metade (arts. 2158º, 2159º, nº 2, e 2161º, nº 2, do CC) dois terços (arts. 2159º, nº 1 e nº 2, e 2161º, nº 1 do CC), desta massa de cálculo. Trata-se, ainda, da legítima global que há que distribuir pelos diversos herdeiros legitimários, nas quotas que a lei assinala. Porém, para se determinar que parte dos bens deixados que vai caber concretamente a cada herdeiro legitimário, têm que se imputar na sua legítima as liberalidades com que o autor da sucessão o tenha beneficiado. E só se vai atribuir a este herdeiro o excesso da sua quota em relação a estas liberalidades, se houver excesso. É a operação da colação que já referi no seu lugar próprio. Sublinhe-se, a este propósito, que, se não houver lugar à colação pelo facto de o donatário repudiar a herança sem ter descendentes que o represen-

[175] A Escola de Lisboa (por se tratar de uma posição ensinada pelos Professores da Faculdade de Direito de Lisboa) entende que primeiro deve-se apurar o valor dos bens existentes no património do *"de cuius"*, ou seja o *"relictum"*, depois soma-se o valor dos bens doados em vida e as despesas sujeitas à colação, ou seja o "*donatum*", e só depois é que se deduz o montante das dívidas da herança. Neste sentido vd. Pamplona Corte-Real, *ob. cit.*, pp. 290-297; Jorge Duarte Pinheiro, *ob. cit.*, pp. 319 e ss.; Galvão Telles, *Sucessão legítima e sucessão legitimária*, Coimbra Editora, 2004, pp. 52-53.

[176] Vd. Pereira Coelho, *ob. cit.*, pp. 317-320; R. Capelo de Sousa, *ob. cit.*, vol. II, pp. 115-117.

[177] Carvalho Fernandes adere a esta fórmula de cálculo da massa da herança e afirma que *"atendendo ao regime da sucessão legitimária, no seu conjunto, temos por certo que a verdadeira ratio legis do art. 2162º é, em rigor, a tutela dos legitimários. Somos assim levados a dar a nossa adesão à primeira tese"*. Acrescenta que *"Por acréscimo – mas só por acréscimo –, pode dizer-se que a ordem das operações por ela defendida, é, ainda, a que se mostra mais adequada ao regime de responsabilidade da herança pelas suas dívidas"* (*ob. cit.*, p. 387).

tem, a doação é imputada na quota indisponível, ou seja, na legítima subjetiva do repudiante, e apenas nesta (art. 2114º, nº 2, do CC).

As doações "*inter vivos*", com eficácia real ("*quoad effectum*"), não integram o "*donatum*" e passam para o "*relictum*" por efeito da estipulação da "cláusula de reversão", por efeito de uma resolução e por efeitos de uma revogação. Nos termos do artigo 961 º do Código Civil, a reversão tem efeitos retroativos, regressando os bens doados ao património do doador.

Tal como a resolução por incumprimento dos contratos em geral (art. 801º do CC), a resolução da doação – contrato unilateral – constitui uma forma de destruição do contrato que opera com base em factos posteriores à celebração do mesmo. O artigo 963º do Código Civil dispõe que as doações podem ser oneradas com encargos, ou seja, na doação, tal como noutras liberalidades, as partes podem inserir uma cláusula modal[178] (um encargo), em que o doador impõe ao donatário a obrigação de adotar um certo comportamento, que pode ser no interesse do doador, de terceiro ou do próprio donatário, desde que o encargo não seja prejudicial para o donatário[179]. Em caso de incumprimento do encargo pelo donatário, quer o doador, quer os seus herdeiros poderão resolver a doação[180]; a menos que este direito não lhes tenha sido conferido pelo contrato (art. 966º do CC)[181]. A resolução tem efeitos retroativos e o que iria integrar o "*donatum*" passa a integrar o "*relictum*". Trata-se de um regime especial que afasta o regime geral previsto no artigo 801º do Código Civil. Se o direito à resolução da doação por incumprimento não estiver previsto no contrato, a única faculdade de que o doador dispõe é o de exigir o cumprimento do encargo (art. 965º do CC)[182].

Por último, as doações "*inter vivos*" podem ser revogadas. Enquanto a doação não for aceite pelo donatário (art. 969º do CC); uma vez aceite, torna-se irrevogável, a não ser que se verifique a ingratidão do donatário (art. 974º do CC).

[178] O modo apresenta-se "*como elemento atípico dos contratos de liberalidade, porquanto nestes, em regra, se assinala um só objeto, correspondente ao sacrifício que recai sobre um dos contraentes, beneficiando o outro de toda a vantagem. A doação modal e outros contratos de liberalidade com cláusula modal configuram-se pois como contratos, que sendo unos, desempenham uma função económico-social de liberalidade mitigada ou moderada, porque mista de liberalidade e de troca, com predomínio da liberalidade sobre a troca*" (Carlos Ferreira de Almeida, *Contratos* III, Almedina, 2016, 2ª ed., p. 56).

[179] Pires de Lima e Antunes Varela, *Código Civil Anotado*, vol. II, p. 290.

[180] Vd. a título de exemplo, um caso de resolução por incumprimento da doação: Ac. STJ, de 01-07-2010, Proc. 15/09.3T2AND.C1.S1, Rel. Oliveira Vasconcelos (www.dgsi.pt).

[181] Cfr. Ac. STJ de 7-10-2010, Rel. Pizarro Beleza; Ac. TRL, de 10-05-2016, Proc. 3363/13.4TGTVD.L1-1, Rel. Manuel Marques; Ac. TRP, de 14-03-2016, Proc. 463/13.4TBFLG.P1, Rel. Augusto de Carvalho; Ac. TRP, de 13-06-2018, Proc. 1366/15.3T8PVZ.P2, Rel. Maria Cecília Agante; Ac. TRG, 17-01-2019, Proc. 2838/17.0T8BCL.G1, Rel. Afonso Cabral de Andrade (todos em www.dgsi.pt).

[182] Neste sentido, Pedro Romano Martinez, *Da Cessação do Contrato*, 2ª edição, Almedina, p. 294.

Tratando-se de uma doação entre casados, inversamente do regime geral, em que a revogação apenas é permitida nas situações taxativamente previstas, aqui o regime é o da livre revogabilidade (revogabilidade "*ad nutum*"), a qualquer tempo e sem qualquer justificação e opera retroativamente. Sublinhe-se que o legislador não contemplou um regime próprio para as doações celebradas entre cônjuges que renunciaram reciprocamente à sucessão do outro, ficando os donatários (cônjuges repudiantes) completamente desprotegidos e sobre a ameaça permanente da revogação das doações entre casados, quando permitidas. E, também não contemplou um regime próprio para as doações daqueles que estão separados de pessoas e bens[183].

As doações entre casados podem ser livremente revogadas (art. 1765º do CC) e podem caducar (art. 1766º do CC). Dentro dos pactos sucessórios designativos, a lei distingue os revogáveis a todo o tempo por mútuo acordo dos contraentes (artigos 1701º e 1705º CC) e os irrevogáveis (artigo 1758º CC), característicos das doações para casamento entre esposados, que podem, no entanto, caducar (art. 1760º do CC).

2.5. Proteção da legítima

2.5.1. *Intangibilidade da legítima*

O testador não pode impor encargos sobre a legítima, ou designar os bens que a devem preencher, contra a vontade do herdeiro (art. 2163º do CC). Já referi que a intangibilidade da legítima é um dos elementos que funda a conceção da legítima como parte da herança, e não como parte do valor da herança.

Resulta do princípio da intangibilidade da legítima uma proteção quantitativa e qualitativa da legítima.

A proteção quantitativa da legítima visa assegurar aos herdeiros legitimários o valor correspondente à sua legítima subjetiva, depois de calculado o valor do

[183] Para Pessoa Jorge "*É óbvio, porém, que uma doação entre cônjuges separados judicialmente de pessoas e bens não está sujeita ao regime especial das doações entre casados, uma vez que não ocorrem as razões que determinam aquele regime: deixa de existir o receio de que um dos cônjuges exerça influência sobre o outro e já não se verificam as repercussões que tais doações têm sobre o regime matrimonial de bens, dada a separação de patrimónios dos cônjuges*" ("Doações para casamento. Doação entre casados", Anteprojecto, *BMJ*, pp. 124-329).
Veja-se, no mesmo sentido o acórdão do STJ, de 19-09-2017, Proc. 2201/15.8T8CTB.C1.S1, Rel. Pinto de Almeida, que se reproduz parcialmente: "*4. O art. 1765º, nº 1, deve, pois, ser interpretado restritivamente, no sentido de que aí estão previstas apenas as doações entre casados não separados judicialmente de pessoas e bens. 5. Não beneficiando as doações entre cônjuges, separados de pessoas e bens, do regime especial das doações entre casados, não lhes é também aplicável o regime da caducidade, previsto no art. 1766º, nº 1, al. c), do CC*".

património hereditário e apurada a legítima global, ou quota indisponível, e a quota disponível. Recorde-se que a legítima subjetiva é a parte de legítima global que cabe a cada um dos herdeiros legitimários. Será sempre determinada em função do valor aritmético do património hereditário reconstruído que se apurará, no momento da abertura da sucessão, em conformidade com o critério estabelecido no artigo 2162º do Código Civil, onde se incluem o "*relictum*" e as liberalidades realizadas "*inter vivos*" pelo "*de cuius*". O instituto da colação tem reflexos na quantificação dos quinhões hereditários dos descendentes, herdeiros legitimários prioritários, na medida em que, através deste, procura-se alcançar uma igualdade entre todos, sem atribuir vantagens quantitativas a nenhum deles. O artigo 2164º do Código Civil também é exemplificativo de uma preocupação em manter a legítima subjetiva intacta. Diz respeito à cautela sociniana, que trataremos mais à frente e que é um mecanismo para os herdeiros legitimários evitarem que a sua legítima seja onerada em benefício de terceiros. Mas o meio por excelência de proteção quantitativa da legítima concretiza-se no mecanismo da ação de redução das liberalidades inoficiosas (arts. 2168º a 2178º do CC). Se as liberalidades realizadas pelo "*de cuius*", "*inter vivos*" ou "*mortis causa*", ofenderem a legitima objetiva (quota indisponível) e, consequentemente, as legítimas subjetivas dos seus herdeiros legitimários, serão redutíveis em tanto quanto for necessário para o preenchimento (quantitativo) das legítimas.

A intangibilidade qualitativa da legítima impede que o autor da sucessão imponha encargos sobre a legítima (arts. 2163º do CC), determine os bens que a devem compor (art. 2163º do CC) ou substitua a legítima do herdeiro por um legado (art. 2165º do CC), contra a vontade deste. Sublinhe-se que o princípio da intangibilidade qualitativa da legítima não é absoluto. Se o "*de cuius*" não pode preencher, unilateralmente, a legítima, já o poderá fazer com o acordo do beneficiário, herdeiro legitimário. E, no processo de inventário, prevê-se, nos termos do artigo 48º, nº 1, da Lei nº 23/2013, de 5 de Março, que os co-herdeiros que formem uma maioria de dois terços (presentes ou representados) da herança, independentemente da proporção da quota, podem deliberar sobre a composição dos quinhões dos restantes herdeiros[184].

[184] Para Sousa Paiva, Eduardo de, "O Novo Processo de Inventário – Traves Mestras da Reforma, Tutela Jurisdicional, Algumas questões", in *Julgar*, nº 24, Coimbra, Coimbra Editora, 2014 (pp. 105-122): "*Este dispositivo legal, ao tratar de forma igual situações que são desiguais, permitindo, em questões fundamentais que contendem diretamente com a forma da partilha dos bens entre os herdeiros, viola os princípios da igualdade e do direito a um processo equitativo e justo e, como tal, é materialmente inconstitucional*" (p. 120).
Esta opção do legislador também viola o princípio da intangibilidade qualitativa da legítima, tal como refere Maria João Gonçalves (*O Novo Regime do Processo de Inventário* (pp. 1-16), disponível em http://www.oa.pt/Conteudos/Media/file.aspx?ida=125079) nestes termos: "*Discordamos da solu-*

2.5.2. *Cautela sociniana*

A cautela sociniana consiste na faculdade concedida aos herdeiros legitimários, no caso de o testador ter deixado usufruto ou ter constituído pensão vitalícia que venha a atingir a legítima, de cumprirem o legado ou entregarem ao legatário só a quota disponível (art. 2164º do CC). Os herdeiros legitimários ficam deste modo "*com a sua legítima desonerada de qualquer encargo*"[185].

Considera-se que os herdeiros legitimários poderão usar desta faculdade, cumprir o legado ou entregar ao legatário a quota disponível, quando a sua legítima é atingia por um direito de usufruto ou uma pensão vitalícia, e, também, quando a legítima é atingida por outros encargos[186].

A este respeito, cumpre salientar que o legislador não prevê os termos do funcionamento da cautela sociniana quando existem vários herdeiros legitimários em desacordo quanto ao exercício desta faculdade. Uns podem querer cumprir com o legado, outros podem preferir entregar ao legatário a quota disponível. Na falta de acordo há que encontrar uma solução que esteja de harmonia com a vontade do testador e com os interesses dos herdeiros legitimários[187].

2.5.3. *Legado por conta e legado em substituição da legítima*

No caso de o "*de cuius*" ter feito um legado a algum dos seus herdeiros legitimários, há a distinguir duas hipóteses.

ção proposta, esta opção do legislador não terá ponderado todas as consequências. Desde logo, admite-se que a deliberação tenha lugar não estando presente um herdeiro legitimário, este vê assim preenchida a sua legítima com bens ou valores escolhidos por terceiros que poderão até ser apenas herdeiros testamentários. Em causa está a violação do princípio da intangibilidade da legítima, que impede que o próprio autor da sucessão designe os bens que irão preencher a legítima, tal como resulta do artigo 2163º do Código Civil" (p. 8).
No mesmo sentido, Ac. TRC, de 21-11-2017, Proc. 245/17.4YRCBR, Rel. Arlindo Oliveira (*in* www.dgsi.pt): "*caso de, como o ora em apreço, se tratar de sucessão legitimária, os co-herdeiros que representem dois terços da herança não podem designar os bens que integram a legítima do herdeiro legitimário, contra a sua vontade, por implicar a violação do princípio da intangibilidade da legítima, sob pena de se violar, por via da lei processual, o expressamente proibido na lei substantiva.*".

[185] Pereira Coelho, *ob. cit.*, p. 321.

[186] Neste sentido, Oliveira Ascensão, *ob. cit.*, pp. 380-381.

[187] Neste sentido, Costa Martins, Manuel da, *A Cautela Sociniana (sentido e limites)*, Lisboa, Editora Danubio, 1982, pp. 59-60.
Para Carvalho Fernandes (*ob. cit.*, p. 386), não havendo acordo, poder-se-á recorrer ao regime da compropriedade. No mesmo sentido, referem Pires de Lima e Antunes Varela (*Código Civil Anotado*, vol. VI, pp. 266-267) que "*a solução mais avisada parece ser a de, na falta de acordo, aplicar à divergência entre co-herdeiros as regras próprias da contitularidade de direitos sobre a mesma coisa (arts. 1406º e segs). Solução especial foi adoptada no artigo 550, II, do Código italiano*".
Para I. Galvão Telles (*Sucessão legítima e sucessão legitimária*, Coimbra Editora, Coimbra, 2004, p. 55), nestas circunstâncias, deve atender-se ao critério da maioria.

O testador pode ter deixado certos bens para avantajar um dos herdeiros legitimários perante os outros. Neste caso, trata-se de um legado por conta da quota disponível[188], que vai ser retirado da quota disponível, repartindo-se entre os herdeiros o restante.

Mas pode suceder que o testador tenha querido preencher com os bens legados, total ou parcialmente, a legítima do herdeiro. Neste caso trata-se de um legado por conta da legítima[189]. O testador terá querido unicamente que aqueles bens fiquem a pertencer ao herdeiro, em virtude do particular afeto que este tem em relação a estes bens, ou por causa da presumível maior capacidade que ele terá em administrá-los.

O testador pode preencher a legítima de um de seus herdeiros com determinados bens, desde que este aceite esse preenchimento (art. 2163º do CC). Caso contrário, o princípio da intangibilidade da legítima proibirá a imposição de um legado por conta da legítima. No primeiro, o interessado tem, em qualquer caso, assegurado o valor integral da legítima, assistindo-lhe direito à diferença se o legado ficar aquém desse valor.

Há que distinguir o legado por conta da legítima, do legado em substituição da legítima (art. 2165º do CC).

No legado por conta da legítima, o herdeiro legitimário continua com o direito à legítima, apesar de ter aceitado o legado. Se o legado não tiver preenchido a legítima do herdeiro, este terá direito àquilo que falte para o preenchimento integral da sua legítima. Ele não perde a qualidade de herdeiro legitimário, nem perde o seu direito à legítima.

No caso de legado em substituição da legítima, o legatário que tenha aceitado o legado nestes termos perde o direito à legítima (art. 2165º, nº 2, do CC). O que significa que se legado for inferior à legítima subjetiva do legatário, os demais herdeiros legitimários vão beneficiar da diferença por efeito do direito de não decrescer. Do mesmo modo, a aceitação da legítima envolve a perda do direito ao legado, por se entender que o herdeiro preferiu a legítima ao legado que vinha em sua substituição. Também aqui não há uma imposição de um legado ao herdeiro legitimário, o que iria contra o princípio da intangibilidade da legítima, mas tão só uma proposta que o herdeiro pode aceitar ou não. Se o herdeiro nada declarar, nos termos do número 3, do artigo 2165, do Código Civil, considera-se aceite o legado.

No caso do legado em substituição da legítima, o legatário que o aceite, deixará de ser herdeiro legitimário para numerosos efeitos: nomeadamente, não

[188] Com dispensa de colação.

[189] Sobre o legado por conta da legítima, vd. Pereira Coelho, *ob. cit.*, pp. 323-324; Galvão Telles, *ob. cit.*, pp. 203 e ss.; Oliveira Ascensão, *ob. cit.*, pp. 370-371; Pamplona Corte-Real, *ob. cit.*, pp. 298-301.

poderá exigir partilha, não será responsável pelos encargos da herança, etc.. Mas já poderá, por exemplo, beneficiar do direito de acrescer, como qualquer herdeiro "legítimo[190]".

2.5.4. *Redução por inoficiosidade*

São inoficiosas as liberalidades, entre vivos ou por morte, que ofendam a legítima dos herdeiros legitimários (art. 2168º do CC). Tais liberalidades são redutíveis, a requerimento dos herdeiros legitimários ou dos seus sucessores, no que for necessário para que a legítima seja preenchida (art. 2169º do CC).

A redução abrange, em primeiro lugar, as disposições testamentárias a título de herança; em segundo lugar, os legados; e, por último, as liberalidades que hajam sido feitas em vida do autor da sucessão (art. 2171º do CC). Esquece-se o legislador, ao estabelecer a ordem de redução, das doações "*mortis causa*". Estas serão, em princípio, reduzidas depois das disposições testamentárias a título de legado e antes das doações em vida; por serem irrevogáveis, não o sendo as disposições testamentárias, e por produzirem efeitos "*mortis causa*" – com a abertura da sucessão – quando as doações em vida produzem efeitos, tal como o nome indica, antes da abertura da sucessão. As doações "*mortis causa*" revogáveis, previstas no número 2, do artigo 1705º do Código Civil, e aquelas que não forem aceites pelo donatário – isto é aquelas que não têm carácter contratual –, serão reduzidas juntamente com as deixas testamentárias.

Se bastar a redução das disposições testamentárias, esta será feita proporcionalmente, tanto no caso de deixas a título de herança, como a título de legado. No caso, porém, de o testador ter declarado que determinadas disposições devem produzir efeito de preferência a outras, as primeiras só serão reduzidas se o valor integral das restantes não for suficiente para o preenchimento da legítima. Gozam de igual preferência as deixas remuneratórias (art. 2172º do CC).

Se for necessário reduzir as doações "*mortis causa*", como produzem efeitos na mesma data, a redução é feita entre elas rateadamente.

Se for necessário reduzir as liberalidades feitas em vida, começar-se-á pela última, no todo ou em parte, e assim sucessivamente. Havendo diversas liberalidades feitas no mesmo ato ou na mesma data, a redução será feita entre elas rateadamente (art. 2173º do CC).

[190] Em sentido contrário pronunciaram-se OLIVEIRA ASCENSÃO, "O Herdeiro legitimário", in *ROA*, Ano 57, vol. I, 1997, p. 21; Remédio MARQUES, "Legados em substituição de legítima e o problema do esgotamento da posição hereditária dos "legatários" instituídos", in *Boletim da Faculdade de Direito da Universidade de Coimbra*, vol. LXXVII, 2001, pp. 245-264; Jorge DUARTE PINHEIRO, *ob. cit.*, p. 374-375.

O direito de redução de liberalidades inoficiosas caduca dentro de dois anos, a contar da aceitação da herança pelo herdeiro legitimário[191]. O que significa que a redução aplicável às liberalidades inoficiosas, sejam elas doações ou legados, não opera *ipso iure*, mas apenas a requerimento dos herdeiros legitimários e seus sucessores. O aludido prazo, funda-se na preocupação de garantir a segurança e a certeza nas relações jurídicas. Decorrido o prazo, fica definida, de vez, a situação jurídica dos beneficiários de liberalidades. Ora, há quem entenda, tanto na doutrina como na jurisprudência[192], que o prazo só se aplica em benefício dos terceiros beneficiários e não em benefício dos herdeiros legitimários e seus sucessores. Importa precisar que o legislador não expressa esta diferença de tratamento entre beneficiários terceiros e beneficiários herdeiros. E, em relação a ambos se verificam as razões de segurança e certeza jurídica referidas, pelo que em relação a ambos se justifica a proteção decorrente do prazo de caducidade. Assim, onde o legislador não distingue, não cabe ao intérprete distinguir[193].

[191] E pode-se ler, a título de exemplo, num acórdão do TRL de 06-10-2011, Proc. nº 1948/08.0YXLSB--A.L1-2, relator Jorge Leal (in www.dgsi.pt), que *"O prazo da referida caducidade conta-se a partir da data do acto de aceitação da herança e não da data da abertura da herança, apesar de a lei retroagir os efeitos da aceitação ao momento da abertura da herança (nº 2 do art. 2050º do Código Civil)."*

[192] Lopes Cardoso, João António, *Partilhas Judiciais*, volume II, Almedina, pp. 383-384; Soares, Carlos Ricardo, *Heranças e Partilhas*, 6ª ed., Almedina 2017, p. 84; Ac. TRP, de 08-11-2001, Proc. 0130872, Rel. Sousa Leite, *CJ*, Ano XXI, tomo 5º, p. 177, confirmado pelo acórdão do STJ, de 09.4.2002, Proc. 02A740, Rel. Armando Lourenço, *CJ/STJ*, Ano X, tomo 2º, p. 18; Ac. TRP de 22-06-2006, Proc. 0632516, Rel. Saleiro de Abreu; Ac. TRL de 03-05-2007, Proc. 2857/2007, Rel. Francisco Magueijo; Ac. TRG, de 14-12-2010, Proc. 140/10.8TCGMR.G1, Rel. Isabel Fonseca; Ac. TRP, de 08-10-2018, Proc. 2670/11.5TBPNF.P1, Rel. Miguel Baldaia de Morais (todos em www.dgsi.pt).

Vd., por exemplo, em sentido contrário, Ac. TRL, de 17-02-2009, Proc. 10792/2008-7, Rel. Isabel Salgado; Ac. TRP, 26-03-2009, Proc. 0837985, Rel. Teixeira Ribeiro, onde se pode ler: *"Admite-se, todavia, que qualquer herdeiro legitimário que se ache prejudicado na sua legítima por doação efectuada a herdeiro ou a um estranho, possa lançar mão da acção declarativa comum, sobretudo quando, por exemplo, já tenha sido concluído o inventário e efectuada a partilha dos bens do doador sem que aí tenha sido considerada a redução, desde que nesse caso alegue o montante do prejuízo e os termos em que se deverá operar a redução da doação (que poderá ser através da separação e adjudicação de parte do imóvel doado, se este for divisível, ou pela entrega do correspondente valor em dinheiro – arts. 2174º do Código Civil, 1364º e 1365º, do Cod. Proc. Civil) – contanto que ainda esteja em tempo por não haver decorrido o prazo de dois anos previsto no citado Art. 2178º do Cod. Civil (...)"*; Acórdãos do TRL, de 6-10-2011, Proc. 1948/08.0YXLSB-A.L1-2; Rel. Jorge Leal, e de 19-10-2017, Proc. 1208-13.4YXLSB.L1-6, Rel. António Santos (todos em www.dgsi.pt).

[193] São vários os autores que não fazem esta distinção, por exemplo, Oliveira Ascensão, *ob. cit.*, p. 385; R. Capelo de Sousa, *ob. cit.*, p. 126, nota 358; Carvalho Fernandes, *ob. cit.*, pp. 411-412; Cristina Araújo Dias, *Lições...*, *ob. cit.*, p. 223.

A redução[194], em princípio, faz-se em espécie (art. 2174º do CC). Nos casos em que tal não é possível, a redução passa a ser feita em valor. Assim, sendo os bens indivisíveis, se a importância da redução exceder metade do valor dos bens, estes pertencem integralmente ao herdeiro legitimário, e o legatário ou donatário haverá o resto em dinheiro; no caso contrário, os bens pertencem integralmente ao legatário ou donatário, tendo este de pagar em dinheiro ao herdeiro legitimário a importância da redução (art. 2174º, nº 2, do CC). A redução que respeitar o valor despendido gratuitamente a favor dos herdeiros legitimários, é igualmente feita em dinheiro (nº 3, do art. 2174º do CC). Se os bens doados tiverem perecido por qualquer causa (com culpa ou sem culpa) ou tiverem sido alienados ou onerados, o donatário ou os seus sucessores são responsáveis pelo preenchimento da legítima em dinheiro, até ao valor desses bens (art. 2175º do CC).

Quando se alega a existência de uma liberalidade inoficiosa, por exemplo de uma doação "*inter vivos*", há que alegar e provar não apenas os atos materiais de disposição, mas também o ânimo com que tais atos foram praticados. Não são os beneficiárias dessas "doações" a provar que as atribuições patrimoniais que lhes foram feitas o foram a título de dação em cumprimento, mútuo, etc., por forma a afastar a redução por inoficiosidade. A prova cabe aos herdeiros legitimários e a seus sucessores, para reagirem contra as atribuições gratuitas que o "*de cuius*" tenha feito e que afetam a sua legítima subjetiva. É tudo uma questão de interpretação da vontade. Quando um herdeiro legitimário beneficia de uma doação ou de um legado, também se põe a questão de saber com que intenção o fez o autor da sucessão. Pode tê-lo feito para adiantar a legítima, sem pretender beneficiá-lo em relação aos outros herdeiros. Esta liberalidade será então imputada na legítima subjetiva do beneficiário. Pode tê-lo feito para o beneficiar, aumentando a sua participação na herança à custa da quota disponível, e a liberalidade será imputada na quota disponível. Portanto, a constatação da inoficiosidade de liberalidades, "*inter vivos*" ou "*mortis causa*", pressupõe que elas ofendam a legítima (art. 2168º do CC), ou seja, pressupõe uma operação prévia de imputação para apurar se as liberalidades imputáveis na quota disponível a excede, ofendendo a quota indisponível.

Bibliografia:

Pereira Coelho, *ob. cit.*, pp. 187 e segs.; Oliveira Ascensão, *ob. cit.*, pp. 338 a 397.

[194] Sobre o apuramento da inoficiosidade e o modo como opera a redução, vd. arts. 52º e ss. do Regime Jurídico do Processo de Inventário.

Lição XVIII

O Testamento

1. Noção de testamento

O testamento é definido como "*o ato unilateral e revogável pelo qual uma pessoa dispõe, para depois da morte, de todos os bens ou de parte deles*" (art. 2179º, nº 1, do CC).

Acrescente-se, para o melhor o caracterizar, que o testamento é um negócio pessoal, singular, gratuito, solene e não receptício, tendo conteúdo indeterminado.

O testamento como <u>negócio pessoal</u>, significa que deve haver coincidência entre a autoria moral e material de negócio, não podendo este ser celebrado por terceiros, mesmo que com procuração.

Neste quadro, salientemos que o artigo 2182º, nº 1, do Código Civil, afasta a possibilidade de o testador deixar ao arbítrio de outrem a indicação de herdeiro ou de legatário.

Contudo, se o testador nomear diversas pessoas como herdeiros ou legatário, tem a faculdade de atribuir a terceiro o modo de fazer a repartição entre elas (art. 2182º, nº 1, do CC).

Mediante certos requisitos, o terceiro pode intervir na escolha de coisa legada, mediante uma justa apreciação (nº 1 do art. 2183º do CC).

Como negócio <u>unilateral</u> e <u>singular</u>, o testamento não pode conter vontade de mais do que uma pessoa, quer se trate de proveito recíproco, quer de proveito de outra pessoa (art. 2181º do CC). Assim, não é permitido, em Direito português, o testamento de não comum.

Isto não impede que, por ex., os esposos, em testamentos separados, disponham atribuições entre eles.

O testamento tem um conteúdo indeterminado. Veremos este aspeto mais tarde.

1.1. Modalidades de testamento

As modalidades de testamento referem-se sobretudo à sua forma.

As modalidades comuns do testamento englobam o testamento público e o testamento cerrado.

As modalidades especiais, assentes na situação específica do testador, compreendem o testamento militar, marítimo, a bordo de aeronaves e no caso de calamidade pública.

1.2. Testamento público e cerrado

O testamento público (o mais comum) é escrito pelo notário em livro próprio, segundo a declaração de vontade expressa pelo testador no ato (art. 2205º do CC)[195].

O testamento cerrado[196] é escrito e assinado pelo testador ou escrito por outra pessoa a rogo do testador e assinado por este (art. 2206º, nº 1, do CC).

Para ser válido, o testamento cerrado deve ser aprovado pelo notário.

Estabelece, o artigo 108º do Código do Notariado que o notário, para fins de aprovação, deve lavrar o respetivo instrumento, que principia logo em seguida à assinatura aposta no testamento. O instrumento de aprovação deve conter as seguintes declarações prestadas pelo testador: que o escrito apresentado contém as suas disposições de última vontade (nº 2, al. a)); que está escrito e assinado por ele, ou escrito por outrem, a seu rogo, e somente assinado por si, ou que está escrito e assinado por outrem, a seu rogo, visto ele não poder ou não saber assinar (nº 2, al. b)); que o testamento não contém palavras emendadas, truncadas, escritas sobre rasuras ou entrelinhas, borrões ou notas marginais, ou, no caso de as ter, que estão devidamente ressalvadas (nº 2, al. c)); que todas as folhas, à exceção da assinada, estão rubricadas por quem assinou o testamento (nº 2, al. d)). Deve igualmente constar o número de páginas completas, e de linhas de alguma página incompleta, ocupadas pelo testamento (nº 4). As folhas do testamento devem ser rubricadas pelo notário e, se o testador o solicitar, o testamento, com o

[195] Como refere António Magro BORGES ARAÚJO, *Prática Notarial*, 4ª ed., Almedina 2003, pp. 195-196: *"Os testamentos públicos como instrumentos notariais que são, encontram-se sujeitos à disciplina dos instrumentos públicos em geral, mas o CN estabelece para eles certos requisitos especiais de forma, que lhe imprimem características especiais. (...) sendo hoje princípio geral a não intervenção de testemunhas nos instrumentos elas continuam a ser necessárias em matéria de testamentos. É o que nos diz o art. 67º/1-a: "a Intervenção de testemunhas instrumentárias apenas tem lugar nos casos seguintes: a) Nos testamentos públicos, nos instrumentos de aprovação ou de abertura de testamentos cerrados e internacionais e nas escrituras de revogação de testamentos (...) Não eliminando, embora, a regra da intervenção de testemunhas, o CN permite a sua dispensa no caso de haver urgência e dificuldade em consegui-las, mas, neste caso, impõe ao notário que faça menção expressa desta circunstância no texto (art. 67º do CN)"*. Acresce que "*I. A fé pública de que goza um notário e o testamento público por este lavrado não é afastada apenas porque duas testemunhas dizem o contrário do que lá consta, apesar de o terem assinado como testemunhas*" (Ac. TRL, de 28-06-2018, Proc. 733/13.1TBCSC.L1-2, Rel. Pedro MARTINS, in www.dgsi.pt).

[196] Vd. OLIVEIRA ASCENSÃO, *ob. cit.*, pp. 63-65, e CARVALHO FERNANDES, *ob. cit.*, pp. 450-452.

instrumento de aprovação, é ainda cosido e lacrado pelo notário, que apõe sobre o lacre o seu sinete (nº 5).

1.3. Modalidades especiais

O testamento militar será público ou cerrado. Podem usar esta modalidade os militares e os civis ao serviço das forças armadas (art. 2210º, do CC).

O testamento militar depende também de as pessoas em causa se encontrarem em campanha ou aquarteladas fora do país; ou no país, mas em lugares com comunicações interrompidas e onde não exista notário; ou estarem prisioneiros do inimigo.

O testamento militar público é declarado perante o comandante da unidade ou, se o testador for comandante, perante quem o substitua (art. 2211º, nºs 1 e 2, do CC).

O testamento militar cerrado obedece às regras do testamento comum cerrado.

O ato de aprovação é da competência do comandante da unidade ou de quem o substitua.

A conservação do testamento militar cerrado é regulada no artigo 2213º do Código Civil.

O testamento marítimo, público ou cerrado, é feito a bordo de navio mercante ou de guerra que esteja em viajem no mar (art. 2214º do CC).

O testamento a bordo de aeronave é feito por pessoa que se encontre numa aeronave em voo. Pode ser público ou cerrado, cabendo ao comandante da aeronave as funções que competem ao comandante da unidade militar (art. 2219º do CC).

O testamento em caso de calamidade pública (art. 2220º do CC), feito em situações de força maior, obedece também a algumas formalidades essenciais. Pode ser público ou cerrado, devendo observar-se as formalidades do testamento militar.

1.4. Testamento de portugueses em país estrangeiro

Os cidadãos portugueses podem fazer testamento no país estrangeiro em que se encontrem, na forma da lei estrangeira aplicável e sob forma solene para produzir efeitos em Portugal. Exige-se a forma escrita e a intervenção de um oficial público com funções notariais ou equivalentes (art. 2223º, do CC).

1.5. Capacidade testamentária

A capacidade testamentária é uma capacidade do gozo: saber quem pode dispor dos seus bens por ato "*mortis causa*".

As pessoas singulares têm, em princípio, capacidade de gozo e de exercício para fazer testamento (art. 2188º do CC).

Vejamos os casos de incapacidade.

Não podem fazer testamento os menores e os maiores acompanhados, nas situações em que a sentença de acompanhamento assim o determine (art. 2189º do CC).

A capacidade de dispor dos bens para depois da morte, através de testamento, só é excluída aos maiores acompanhados por decisão judicial. A regra é a da sua capacidade para testar. Referimo-nos à capacidade para testar na sucessão testamentária, ao testamento que tem natureza, essencialmente, patrimonial, distinto do testamento vital apenas de caráter não-patrimonial.

Estas são duas realidades diferentes[197]. Mas, em relação ao maior acompanhado, o artigo 4º da Lei nº 25/2012, de 16 de Julho, sobre o Regime das Diretivas Antecipadas de Vontade (com as alterações introduzidas pela Lei nº 49/2018, de 14 de Agosto), prevê que não podem outorgar um documento de diretivas antecipadas de vontade, como o testamento vital, as pessoas que estejam em situação de acompanhamento, caso a sentença que a haja decretado vede o exercício do direito pessoal de testar. Com esta remissão genérica para a capacidade de testar – direito pessoal de testar – desvaloriza-se a distinção entre o domínio de atuação autónoma no âmbito dos atos de natureza pessoal (testamento vital) e no âmbito das situações de índole patrimonial (sucessão testamentária).

O testamento vital corresponde à manifestação antecipadamente da vontade de uma pessoa, consciente, livre e esclarecida, no que concerne aos cuidados de saúde que deseja ou não receber no caso de, por qualquer razão, se encontrar incapaz de expressar a sua vontade pessoal e autonomamente (art. 2º da Lei nº 25/2012).

Além das limitações à capacidade de testar dos menores e, excecionalmente, dos maiores acompanhados, há situações de indisponibilidade sucessória.

1.6. Indisponibilidades sucessórias

A capacidade sucessória está associada à disponibilidade sucessória: o testador pode dispor dos seus bens a favor de quem entender.

Mas há casos de indisponibilidade (arts. 2192º, 2194º[198], 2196º, 2197º e 2198º, do CC): limitação à livre disposição de bens pelo testador a favor de certas pes-

[197] Cfr. Helena Pereira de MELO, "As Directivas Antecipadas de Vontade no Direito Português", in *Testamento Vital*, Almedina, 2011, p. 158.

[198] CUNHA GONÇALVES (*Tratado de Direito Civil em Comentário ao Código Civil Português*, Coimbra, vol. IX, p. 668) justifica a nulidade das disposições a favor de médicos, enfermeiros ou sacerdotes, da seguinte forma: "*O enfermo, que se encontra in articulo mortis ou prostrado com doença mortal, tendo o corpo e o espírito deprimidos, desapegado dos bens terrenos e aterrado com a perspectiva da vida futura, facilmente pode ser vítima da captação da sua herança, quer pelo facultativo que promete salvá-lo apesar de sabê-lo*

soas que têm com ele uma relação[199] que pode prejudicar uma declaração livre e esclarecida. A "*ratio*" das indisponibilidades é tão só a de evitar que determinadas pessoas, em função das específicas profissões que exercem – médico, enfermeiro, sacerdote, intervenientes no testamento – ou quando são cúmplices do testador adúltero, possam condicionar a vontade do testador; movidos por interesses meramente particulares de proveito próprio.

Isto, tanto no que se refere à herança como ao legado.

Pires de Lima e Antunes Varela[200] sustentam que se trata, não de incapacidade, mas de indisponibilidade relativa. Embora distingam dois grupos de casos: um em que se está mais próximo da incapacidade de testar, por se tutelar um defeito de vontade do testar (art. 2192º do CC); e aqueles (arts. 2196º e 2198º do CC) que se aproximam mais da incapacidade de receber, por estar em causa a idoneidade moral ou legal do beneficiário, ou o abuso de poder ou pressão psicológica deste sobre o testador.

É nula (presunção "*juris et de jure*") a atribuição patrimonial realizada em violação de uma norma que estatui uma indisponibilidade testamentária. Contudo, o testamento continuará a valer com o seu restante conteúdo. Trata-se de uma redução legal.

O disposto nos artigos 2192º a 2198º do Código Civil é aplicável às doações (art. 953º do CC).

É de realçar que os unidos de factos não têm direitos sucessórios, pelo menos decorrentes da lei. Tal só será possível por disposição testamentária. E, a este propósito, o "*de cuius*" pode dispor a favor do companheiro com quem vivia em união de facto da quota disponível, quando lhe sobrevivam herdeiros legitimários, e de todo o seu património se não deixar herdeiros legitimários. Convém verificar se essas disposições testamentárias ao favor do companheiro sobrevivo podem ser nulas por indisponibilidade relativa.

Nos artigos 2192º e seguintes, e, em especial, no artigo 2196º, número 1, do Código Civil, não estão previstos casos de indisponibilidade relativa em função da relação de união de facto estabelecida com o testador. Apenas é nula a disposição a favor da pessoa com quem o testador casado cometeu adultério (art. 2196º, nº 1 do CC), tal como é nula idêntica disposição quando realizada por interposta pessoa (art. 2198º do CC). Ora, supostamente, a disposição testamentária a favor do companheiro sobrevivo seria nula, se o testador fosse casado, mesmo que o casamento fosse de fachada, e estivesse a viver em união de facto. A união de

incurável, quer pelo confessor, que lhe promete a absolvição dos seus pecados e lhe garante a entrada no Céu. É como precaução contra estas captações que o artigo 1769º foi consignado neste Código".

[199] R. Capelo de Sousa, *ob. cit.*, p. 174.

[200] Código Civil Anotado, VI, pp. 286 ss..

facto seria adultera. Mas o número 2 do referido artigo 2196º considera não haver nulidade da disposição testamentária se o casamento já estava dissolvido – não seria este o caso – ou se os cônjuges estavam separados de pessoas e bens ou separados de facto há mais de seis anos[201], à data da abertura da sucessão (al. a)) ou, ainda, se a disposição se limitar a assegurar alimentos ao beneficiário (al. b)). Assim, nos casos de separação de pessoas e bens, ou de separação de facto, a união de facto deixa de ser adultera e a disposição a favor do companheiro sobrevivo passa a ser válida. Também é valida se o testador manifestar vontade em atribuir alimentos ao companheiro sobrevivo, mesmo que este não se encontre numa situação de carência[202].

Bibliografia

Pires de Lima e Antunes Varela, Código Civil Anotado, VI, págs. 286 e segs.; Luís A. Carvalho Fernandes, Lições de Direito das Sucessões, Quid Juris, Lisboa, 4ª ed., 2012, págs. 451 e segs.; Oliveira Ascensão, Direito Civil, Sucessões, 5ª ed., Coimbra Editora, Coimbra, 2000, págs. 42 e segs..

[201] A atual redução, pela Lei nº 61/2008, de 31 de outubro, do período de separação de facto necessário para que constitua fundamento de divórcio (art. 1781º, al. a), do CC), para um ano, no nosso entender, deveria levar o legislador a reduzir o prazo de seis anos de separação que é exigido para que o testador possa beneficiar a pessoa com quem passou a viver. Isto de forma a que haja coincidência de prazos e que a disposição testamentária a favor da pessoa com quem o testador casado cometeu adultério seja válida; válida se os cônjuges estavam separados de facto há mais de um ano. Contudo, o STJ já teve oportunidade de se pronunciar sobre esta questão considerando que *"Discorda-se do Recorrente de que esta norma se encontre tacitamente alterada pela alínea a) do art. 1781º do CC, introduzida pela Lei nº 61/2008, de 31 de outubro, nos termos da qual passou a ser admissível o divórcio sem consentimento de um dos cônjuges, no caso de separação por um ano consecutivo, quando anteriormente o prazo era de seis anos. Com efeito, desconhece-se, desde logo, que o pensamento legislativo tivesse sido na senda da interpretação avançada pelo Recorrente, para além de que o legislador, se tivesse querido alterar o prazo previsto na alínea a) do nº 2 do art. 2196º do CC, fazendo-o coincidir com o da alínea a) do art. 1781º do CC, teria modificado, em conformidade, o art. 2196º do CC, o que não sucedeu, quer com a Lei nº 61/2008, quer com os sucessivos diplomas que, entretanto, alteraram o Código Civil. De resto, a redação atual não é já a originária do Código Civil, que há pouco tempo completou cinquenta anos, tendo sido alterado pelo DL n.º 496/77, de 25 de novembro"*. (Ac. STJ, de 28-03-2019, Proc. 1240/14.0T8VCT.G1.S1, Rel. Olindo Geraldes, in www.dgsi.pt).

[202] Cfr. França Pitão, *União de facto no Direito Português*, Quid Juris, 2017, p. 266.

2. O testamento – falta da vontade e vícios da vontade
2.1. Vícios da vontade

O regime jurídico dos vícios da vontade no testamento segue de perto o regime jurídico dos vícios dos negócios jurídicos – para onde se remete (arts. 244º a 249º do CC).

O Código Civil, no seu artigo 2201º do Código Civil, estatui a anulabilidade da disposição testamentária viciada por erro, dolo ou coação[203].

De especial em relação ao regime geral, a precisão do requisito da essencialidade do erro na formação da vontade (art. 2202º do CC).

Nesta matéria, o legislador mantém, no que se refere ao testamento, a distinção tradicional entre erro de fato e de direito – afastada da parte geral do Código Civil. Mas o regime do erro é comum às duas hipóteses.

O erro sobre os motivos é essencial se o testador, ao conhecer a errada representação da realidade, não tivesse emitido a declaração viciada por esse erro.

No caso do testamento, o erro é centrado no declarante, dado a característica de unilateralidade do testamento. Afastando-se a referência ao declaratário. Desde que, dos termos do testamento, decorra a essencialidade em relação ao testador, o negócio é inválido.

Contudo, é naturalmente necessário que do testamento decorram os motivos determinantes da declaração para se poder, objetivamente, determinar da existência e essencialidade do erro.

Note-se que o litígio surgirá, eventualmente, só depois do falecimento do testador, na sua "ausência". Pois, durante a vida do testador o erro será corrigível por este, se dele tiver conhecimento.

A incapacidade acidental do testador vem regulada no artigo 2199º do Código Civil.

Também aqui a lei se orienta pela defesa dos interesses do testador, já que as características do testamento e os interesses subjacentes a este não fazem relevar nesta sede os interesses do beneficiário[204]. Assim, o artigo 2199º do Código Civil implica o afastamento dos pressupostos da relevância da capacidade acidental previstos em geral no artigo 257º, nº 1 do referido Código[205].

[203] É também esse o entendimento de R. Capelo de Sousa, *ob. cit.*, p. 180 e Guilherme de Oliveira, "O testamento – apontamentos", in *Temas de Direito da Família*, 2ª ed. Coimbra Editora, 2001, p. 138. Já Oliveira Ascensão sustenta que o erro na declaração de vontade do testador é sancionado com a nulidade (*ob. cit.*, pp. 86-87).

[204] R. Capelo de Sousa, *ob. cit.*, p. 181.

[205] Vd., a título de exemplo, um acórdão do TRL, de 20-12-2018, Proc. 4331/16.0T8LSB.L1-7, Rel. José Capacete, que distingue o regime do art. 257º do instituto da incapacidade acidental previsto no art. 2199º do CC (*in* www.dgsi.pt).

2.2. Divergências entre a vontade e a declaração

A lei civil ocupa-se, a propósito do testamento, da simulação e do erro na declaração.

No que se refere à simulação no campo do testamento, faltará, em princípio o acordo simulatório exigido na teoria geral do negócio jurídico, mas afastado aqui pela natureza do testamento. Contudo, o artigo 2200º do Código Civil indica o relevo da simulação em matéria de testamento: haverá um conluio entre o testador e a pessoa indicada no testamento como beneficiário quando, em verdade, o real destinatário da disposição é outro ou quando a liberalidade é diversa da declarada.

A disposição simulada nos termos do artigo 2200º referido, é anulável. O negócio dissimulado, pode ser válido ou inválido.

O artigo 2203º do Código Civil trata do erro na declaração testamentária.

Englobam-se aqui a errada identificação do herdeiro ou legatário[206], ou o erro sobre o objeto da disposição, os bens atribuídos (art. 2203º do CC).

Pode suceder que, através da interpretação do testamento, se determine a verdadeira identidade do beneficiário e (ou) os bens que o testador queria atribuir. Se isto suceder, o testamento vale com o verdadeiro sentido (art. 2203º do CC, *in fine*).

A disposição testamentária viciada por erro, será anulável nos termos gerais (art. 247º do CC).

Bibliografia:

Carvalho Fernandes, cit., págs. 485 e segs.; Oliveira Ascensão, cit., págs. 81 e segs.; Pires de Lima e Antunes Varela, cit., VI, anots. aos artigos 2201º/2º.

3. Conteúdo do testamento

3.1. Generalidades

O testamento tem uma função (causa) típica: a disposição por morte dos bens do testador (art. 2179º do CC). Contudo, pode ter um conteúdo muito mais alargado. E este conteúdo pode não versar sobre a atribuição de bens. Pode reconhecer-se um filho (art. 1853º, al. b), do CC), instituir-se uma fundação (art. 185º, nº 1, do CC), fazerem-se declarações e expressarem-se sentimentos sobre pessoas da família, destinar-se a forma da disposição do corpo (art. 3º, nº 1, al. a),

[206] Admitindo-se a relevância da reserva mental no testamento. Vd., neste sentido, Oliveira Ascensão, *ob. cit.*, p. 90-92, e R. Capelo de Sousa, *ob. cit.*, pp. 178-179.

do Decreto-Lei nº 411/98, de 30 de Dezembro) etc. Podendo as disposições não patrimoniais ser o conteúdo único do testamento (art. 2179º, nº 2 do CC).

3.2. A instituição de herdeiro e de legatário

O conteúdo típico do testamento é a instituição de herdeiros e legatários.

O testador tem ampla autonomia. Fora dos casos de indisponibilidade e respeitando as normas imperativas da sucessão legitimária, poderá dispor dos bens que quiser e a favor de quem quiser.

3.3. O legado

Os legados, muito frequentes nos testamentos, exigem uma análise mais próxima.

Há que distinguir entre legados dispositivos e obrigacionais. Os primeiros envolvem uma diminuição do ativo da herança, através da subtração de um bem, da sua transmissão direta para o beneficiário. Os segundos (obrigacionais) implicam a criação de um direito de crédito em relação à herança[207]. Os legados, dispositivos e obrigacionais, constituem sempre um encargo da herança, na medida em que representam uma atribuição patrimonial a favor de terceiro, todavia, o legado dispositivo revela o lado ativo da herança, na medida em que implica a entrega de um bem ou de um valor que aí se encontra, e o legado obrigacional revela o lado passivo da herança pelo qual responde (arts. 2068º e 2069º do CC) a massa patrimonial que constitui a herança.

Nos primeiros, o legatário adquire o direito por mera disposição testamentária – sem prejuízo de uma prestação, meramente acessória, do cabeça de casal ou de outro vinculado ao encargo.

Nos outros legados, os obrigacionais, a aquisição do bem não se verifica por mero efeito do testamento. É atribuído "só" um direito de crédito.

Incluem-se nos legados de eficácia imediata os legados de crédito (art. 2261º, nº 2, do CC). Também neste âmbito se situam os legados de liberação de débito ou de quitação do débito, por operarem por força direta do testamento[208].

De acordo com o artigo 2269º do Código Civil, não havendo declaração do testador sobre a extensão do legado, entende-se que ele abrange as benfeitorias e partes integrantes, e o legado de prédio rústico ou urbano, ou do conjunto de prédios rústicos ou urbanos que constituam uma unidade económica, abrange as construções nele feitas, anteriores ou posteriores ao testamento, e bem assim as aquisições posteriores que se tenham integrado na mesma unidade.

[207] GALVÃO TELLES, *ob. cit.*, pp. 185-199.

[208] CARVALHO FERNANDES, *ob. cit.*, p. 498.

Por outro lado, não havendo declaração do testador sobre os frutos da coisa legada, o legatário tem direito aos frutos desde a morte do testador, com exceção daqueles que foram percebidos pelo autor da sucessão (art. 2271º do CC); se o legado consistir em dinheiro ou em coisa não pertencente à herança, os frutos só são devidos a partir da mora de quem deva satisfazê-lo (nº 2, do art. 2271º do CC). Por fim, se a coisa legada estiver onerada com encargos, passam os encargos para o legatário (nº 1 do art. 2272º do CC), salvo as exceções previstas no número 2 do artigo 2272º do Código Civil.

3.4. Modalidades de legados

Os legados, como se sabe, envolvem a disposição de bens que não representem uma quota alíquota do património do testador. Em regra, compreendem bens certos e determinados.

O legado pode referir-se a bens que não pertençam ao testador. Neste caso, o sucessor onerado com o legado, quando o bem legado lhe não pertença, deve adquirir a coisa e transmiti-la ao legatário; proporcionar a sua aquisição pelo legatário; ou, se não for possível qualquer destas vias, dar a legatário o valor da coisa (art. 2251º do CC).

Se o testador não sabia que o bem lhe não pertencia, a disposição é nula; caso contrário, é válida (arts. 2251º, nº 1, e 2252º, nº 1, do CC).

Se o bem é pertença de um dos herdeiros, aquele que tenha de o entregar ao legatário tem direito de receber dos demais herdeiros, em dinheiro ou em bens da herança, a parte que cabe a cada um no valor do bem, na proporção do quinhão que vai receber.

Este regime pode ser afastado por vontade do testador, sempre com respeito pelas normas da sucessão legitimária (art. 2251º, nº 4, do CC).

Segue-se a análise do legado de bem do próprio legatário ou adquirido por este.

O legado de bem pertencente ao próprio legatário é nulo, desde que tal titularidade se verifique no momento da feitura do testamento e (também) na data da abertura da sucessão (art. 2256º, nº 1, do CC). Sendo, pois, válido, se o bem estiver na titularidade do testador no momento do falecimento deste (art. 2256º, nº 2, do CC).

O legado também será válido se na data do falecimento do testador o bem legado (já) pertencer ao sucessor onerado com o legado ou a terceiro. Resultando do testamento que a disposição foi exarada prevendo esta situação (art. 2256º, nº 2, do CC).

Se o bem pertencia ao testador e foi adquirido pelo legatário depois do testamento, independentemente do título de aquisição oneroso ou gratuito, o legado é ineficaz (art. 2257º, nº 1, do CC).

Se a aquisição tiver sido a título oneroso e se for determinado que o testador não sabia que o bem não lhe pertencia, a disposição testamentária não produz efeito. Mas se o testador sabia que o bem não lhe pertencia, o legatário pode obter o que tiver despendido com a aquisição do bem.

No caso de legado de coisa genérica, o legatário terá direito à coisa se ela existir no património do testador. Se não existir, dependerá de o testador ter pressuposto, ou não, que a coisa existia no seu património. Se não o pressupôs, o legatário terá direito à coisa, adquirida à custa da herança (arts. 2253º e 2254º do CC).

Verificando-se que a coisa determinada não existe no património do disponente, aplica-se o regime que acaba de se enunciar (art. 2254º do CC).

A identificação do bem legado pode ter sido feita por menção ao lugar determinado onde ela existia. Se o bem não estiver no local indicado, há que distinguir.

Se a remoção do bem foi a título definitivo, o legado só abrange a parte da coisa que se encontre no local.

Se a remoção foi a título provisório, o legado é eficaz em relação ao que se encontre no local e ao que tiver sido removido (art. 2255º do CC).

O legado de usufruto vem previsto especialmente no artigo 2258º do Código Civil.

A faculdade de os cônjuges disporem de bens "*mortis causa*" está limitada aos bens próprios e à sua meação nos bens comuns (art. 1685º, nº 1, do CC). Contudo, o artigo 1685º, número 3, do Código Civil admite, sob certos pressupostos, o legado de coisa comum em espécie.

Bibliografia:

Carvalho Fernandes, *ob. cit.*, págs. 493 e segs.; I. Galvão Telles, *ob. cit.*, págs. 197 e segs.; Pires de Lima e Antunes Varela, *ob. cit.*, anots. aos artigos 2251º a 2263º.

ÍNDICE GERAL